Psychologie des Vertrauens

# Psychologie des Vertrauens

von

Franz Petermann

4., überarbeitete Auflage

*Prof. Dr. phil. Franz Petermann,* geb. 1953. 1972–1975 Studium der Mathematik und Psychologie in Heidelberg. Wissenschaftlicher Assistent an den Universitäten Heidelberg und Bonn. 1977 Promotion. 1980 Habilitation. 1983–1991 Leitung des Psychosozialen Dienstes der Universitäts-Kinderklinik Bonn, gleichzeitig Professor am Psychologischen Institut. 1991–2007 Lehrstuhl für Klinische Psychologie, seit 2007 Lehrstuhl für Psychologische Diagnostik und Klinische Psychologie an der Universität Bremen und seit 1996 Direktor des Zentrums für Klinische Psychologie und Rehabilitation. Arbeitsschwerpunkte: Psychologische Diagnostik, Behandlung von Entwicklungs- und Verhaltensstörungen im Kindes- und Jugendalter.

**Bibliografische Information der Deutschen Nationalbibliothek**
Die Deutsche Nationalbibliothek verzeichnet diese Publikation in der Deutschen Nationalbibliografie; detaillierte bibliografische Daten sind im Internet über http://dnb.dnb.de abrufbar.

Die erste Auflage des Buches erschien 1985 im O. Müller Verlag, Salzburg; die zweite Auflage erschien 1992 im Quintessenz-Verlag, München.


Göttingen • Bern • Wien • Paris • Oxford • Prag • Toronto • Boston
Amsterdam • Kopenhagen • Stockholm • Florenz
Merkelstraße 3, 37085 Göttingen

**http://www.hogrefe.de**
Aktuelle Informationen • Weitere Titel zum Thema • Ergänzende Materialien

---

Umschlagabbildung: © openlens – fotolia.com
Druck: AZ Druck und Datentechnik, Kempten
Printed in Germany
Auf säurefreiem Papier gedruckt

ISBN 978-3-8017-2415-3

# Vorwort

In den letzten Jahren ist wohl selten ein Wort so überstrapaziert worden wie der Begriff „Vertrauen“! Man soll Vertrauen in die Zukunft, zu Parteien, in Produkte des alltäglichen Gebrauchs haben, selbst Glaubensgemeinschaften werben mit der Etikette „Vertrauen“. Vertrauen bedeutet, auf etwas zu hoffen und dadurch Unsicherheit abzubauen. Mit Vertrauen will man offensichtlich das Risikohafte und Unkalkulierbare der aktuellen Situation in den Griff bekommen. Die Bedeutung des Phänomens „Vertrauen“ spiegelt sich auch darin wider, dass sich sehr unterschiedliche Wissenschaften, wie die Soziologie, die Betriebswirtschaft, speziell der Bereich Marketing, die Medizin, die Neurowissenschaften und die Psychologie, mit diesem schwer definierbaren Begriff beschäftigen. Wir wollen unsere Perspektive auf die Psychologie im weitesten Sinne beschränken und die zwischenmenschlichen Aspekte von Vertrauen und Prozesse der Vertrauensbildung in den Vordergrund stellen.

Es werden sowohl theoretische Konzepte und empirische Ergebnisse der Vertrauensforschung berichtet als auch Versuche unternommen, eigene Überlegungen in den Kapiteln zu systematisieren. Wesentlich sind dabei sozialpsychologische Grundlagen und deren Übertragung auf Bereiche psychologischen Handelns oder auf Interaktionen im Alltag. Wir werden uns in erster Linie mit Vertrauen in Zweierbeziehungen auseinandersetzen. Vertrauen ist dabei eine ganz zentrale Voraussetzung und ein zentrales Merkmal der Beziehungsgestaltung. Handlungsweisen, die keinen Beitrag zum Vertrauensaufbau leisten, werden wenig Erfolg verzeichnen können. Wir müssen immer noch darüber spekulieren, wodurch Vertrauen im Alltag begünstigt und womit es zerstört wird. Verschiedene Ergebnisse – vor allem im Umgang mit Kindern – liefert das vorliegende Buch.

Des Weiteren soll auch auf die biologischen Grundlagen des Vertrauens eingegangen werden. Die moderne Neuropsychologie hat in den letzten Jahren, nicht zuletzt dank der Entwicklung neuer neurowissenschaftlicher Methoden und Erhebungsverfahren, enorme Fortschritte gemacht. So konnte sie interessante Erkenntnisse bezüglich der dem Vertrauen zugrunde liegenden neuronalen Mechanismen und Hirnstrukturen erzielen, die im Kapitel 3 behandelt werden.

Vor allem das in Kapitel 6 beschriebene Konzept zum Vertrauensaufbau und Vertrauensverlust wurde vielfach in Studien umgesetzt. Mit ihm gelingt es, kritische Phasen in der Gestaltung eines Interaktionsprozesses zu analysieren und Handlungsstrategien für die Praxis abzuleiten. Von unserer Arbeitsgruppe wurden seit den 1990er Jahren einige Studien durchgeführt bzw. Publikationen vorgelegt, die diese Aspekte vertieft haben. Hier sind zu nennen:

- Analyse von Konsumentenvertrauen (vgl. Petermann & Winkel, 2006; Ahlert, Kenning & Petermann, 2001);
- die Bedeutung von Vertrauen in der Beziehung zwischen Vorgesetzten und Mitarbeitern im Dienstleistungssektor (vgl. Petermann, Neubauer & Grünheidt, 1992);
- Vertrauen als förderliche Bedingung im Kontext der Betreuung chronisch kranker Patienten (vgl. Petermann, Stachow, Kiera & Tiedjen, 2008);
- Vertrauen als Basismerkmal im Kontext der Steigerung von Compliance (z. B. bei Asthmatikern, vgl. Petermann & Schauerte, 2008);
- Vertrauen als Basismerkmal in der Beziehungsgestaltung unter neuropsychologischer Perspektive (vgl. Schipper & Petermann, 2011); und
- die Rolle von Vertrauen in der Positiven Psychologie (vgl. Schipper & Petermann, 2012).

Mein Interesse am Thema „Vertrauen" resultiert aus den 1980er Jahren und wurde von Prof. Dr. Meinrad Perrez (Fribourg) und durch die Zusammenarbeit mit Prof. Dr. Walter Neubauer (Bonn) gefördert. Ihnen und meinen Mitarbeitern, die ich an der Thematik interessieren konnte, danke ich für ihre Gesprächsbereitschaft und den wissenschaftlichen Austausch. Mein besonderer Dank gilt Dr. Marc Schipper (Bremen) und Dipl.-Psych. Mirjam I. Wagler (Bremen), die mich in den letzten Monaten in außergewöhnlicher Weise bei der Aktualisierung dieses Buches unterstützten. Dem Hogrefe Verlag gilt mein Dank dafür, dass er jetzt zwei Jahrzehnte lang dieses Buch betreut hat.

Bremen, im Mai 2012 *Franz Petermann*

# Inhaltsverzeichnis

# Kapitel 1

# Vertrauen – eine Einführung

Der Begriff „Vertrauen" gehört zu einer Gruppe von psychologischen bzw. sozialwissenschaftlichen Fachausdrücken, die leider mit unterschiedlichen Bedeutungen verwendet werden. Im alltäglichen Sprachgebrauch ist „Vertrauen" durch die Qualität einer persönlichen Beziehung gekennzeichnet. Die Tatsache, einer Person das Vertrauen zu schenken, deutet die Nähe zu dieser Person an; zum Beispiel traut man Familienmitgliedern in der Regel mehr als Arbeitskollegen und dies äußert sich im konkreten Verhalten. Vertrauen wäre in diesem Sinne ein Merkmal, das mein Verhalten einer bestimmten Person oder Personengruppe gegenüber prägt.

Die Klärung des Ausdrucks „Vertrauen" wird erheblich erschwert durch die Ausweitung des Bedeutungsfeldes auf alle nur denkbaren Gebiete. So kann man Vertrauen nicht nur in Menschen, sondern auch in übergeordnete Systeme und Funktions- und Rollenträger wie Leitideen, Programme, Parteien, politische Systeme, gesellschaftliche Veränderungen, die Konjunkturlage oder die Sicherheit des Arbeitsplatzes setzen (vgl. Bierhoff, 2002; Cook & Wall, 1980; Hill, 1981; Muir, 1987; Oswald, 2006). Diese Versionen von „Vertrauen" oder vom Gegenteil, dem „Misstrauen", verkörpern schwer fassbare Aspekte von *Einstellungen* zur *politischen und sozialen Sicherheit*. Solche Fragestellungen sollen in diesem Buch *nicht behandelt* werden, da man sich zur empirisch fundierten Anwendung des Vertrauensbegriffes mittelfristig auf eine Analyse von Zweierbeziehungen beschränken sollte, für die – wie die nachfolgenden wissenschaftlichen Definitionen von Vertrauen zeigen werden – eine ausreichende begriffliche Klarheit besteht.

Wir werden zudem zeigen, dass Vertrauen immer einen Aspekt der *Ungewissheit*, ein *Risiko* und die Möglichkeit der *Enttäuschung* beinhaltet. Vertrauen hat aber auf der anderen Seite auch eine motivierende, positive Bedeutung für den, der vertraut und für den, dem vertraut wird. Es ist zu vermuten, dass die vielfältigen Erscheinungsformen des Vertrauens von Faktoren, wie den allgemeinen Lebensumständen und spezifischen Lernerfahrungen abhängen. Einige psychologische Bedingungen sollen in diesem Buch näher beleuchtet werden. Des Weiteren werden wir auf die biologischen Grundlagen des Vertrauens eingehen, da sich auch innerhalb der Biologischen Psychologie in den letzten Jahren ein großes Interesse am Vertrauen entwickelt hat.

## 1.1 Begriffsbestimmung

Eine philosophisch orientierte Definition des Begriffs gibt Schottlaender (1958), der Vertrauen nicht nur auf die bisherigen Lebenserfahrungen, sondern auch auf das Ausmaß an Hoffnung auf „das Gute im Menschen" zurückführt. Diese Sichtweise spiegelt sich in einigen modernen, humanistisch orientierten Arbeiten aus der Klinischen Psychologie wider. So definiert Jackson (1980) Vertrauen als den Glauben, dass der andere für mich irgendwann das tut, was man für ihn getan hat. Darin schlägt sich ein wichtiges Prinzip sozialer Motivation nieder: das Wiedergutmachungsmotiv oder die Hoffnung auf Wiedergutmachung. Ein solches Handeln richtet sich nach der Norm der *Reziprozität*, das heißt Handlungsweisen werden in der Hoffnung ausgeführt, dass Partner einem mit derselben Haltung begegnen, wie man sich idealerweise ihnen selbst gegenüber verhält.

Nach Luhmann (1973, S. 6) ermöglicht Vertrauen „mehr Möglichkeiten des Erlebens und Handelns ..., weil im Vertrauen eine wirksamere Form der Reduktion von Komplexität zur Verfügung steht". Die komplexitätsreduzierende Funktion von Vertrauen hat Bierhoff (1984, S. 224) wie folgt umschrieben: Die heute vielfach vorliegende mangelnde Überschaubarkeit sozialer Situationen und Handlungsweisen macht es erforderlich, Informationen zu akzeptieren, deren Wahrheitsgehalt fragwürdig ist. Der vertrauensvoll Handelnde blickt also optimistisch in eine Zukunft, die durch eine Vielzahl möglicher und ungewisser Ereignisse geprägt ist. Er verhält sich so, „als ob es in der Zukunft nur bestimmte Möglichkeiten" gäbe (Luhmann, 1973, S. 18). Bei diesem Schritt muss der Vertrauende ein Risiko eingehen, da er weder hinreichende Informationen noch Kontrolle über die zukünftigen Ereignisse besitzt. Mit dem Ausmaß an Vertrauen wächst das Handlungspotenzial des Vertrauenden, denn nur unter der Bedingung des Vertrauens kann er gewisse Formen der Selbstdarstellung wagen, etwa die Initiative im Umgang mit anderen ergreifen oder über heikle Themen reden.

Die sicherlich populärste Auffassung von Vertrauen basiert auf dem tiefenpsychologischen Entwicklungsmodell von Erikson (1963). Er nimmt an, dass sich ohne Vertrauen keine stabile Persönlichkeit (Ich-Identität) entwickeln kann, und dass das „Urvertrauen" den Eckstein einer gesunden Persönlichkeit bildet. Vertrauen sei das Gefühl, sich auf den andern verlassen zu dürfen. Ein solches Gefühl entwickelt sich aus grundlegenden, kaum bewussten Erfahrungen. Die Ausprägung des Vertrauens hänge von der Qualität der Mutter-Kind-Beziehung ab. Im Einzelnen seien dabei folgende Verhaltensweisen der Mutter wichtig: Sie sollte dem Kind keine unnötigen Versagungen auferlegen, überflüssige Drohungen vermeiden und persönliche Zuverlässigkeit vermitteln.

Selbst wenn man den von Erikson angeführten, globalen Entstehungsbedingungen von Vertrauen wenig abgewinnen kann, scheinen seine Überlegungen für die Erziehung von Kindern von Interesse, vermutet er doch, dass Vertrauen ausschließlich von positiven Erfahrungen (Konsequenzen) getragen wird, und dass negative Verhaltensweisen (Strafen, Drohungen) Vertrauen verringern oder gar verhindern (Erikson, 1963). Dies steht im Gegensatz zur Auffassung Rotters (1967), der annimmt, dass sowohl angekündigte und eingehaltene Versprechungen als auch Drohungen (!) zur Glaubwürdigkeit eines Partners beitragen und dadurch Vertrauen aufbauen. Es gehe nämlich um die *Erwartung einer Person oder Gruppe, sich auf mündliche oder schriftliche Versprechen verlassen zu können.* Zwischenmenschliches Vertrauen hänge von den Lernerfahrungen einer Person ab und entwickele sich allmählich zu einem stabilen (= generalisierten) Merkmal, da gesammelte Erfahrungen zu Erwartungs- und Einstellungsmustern führen und das Lernen in neuen Situationen beeinflussen.

Die bisherigen Definitionen weisen Vertrauen als Einstellungsmerkmal aus. Einen anderen Weg beschreibt Deutsch (1962), der vertrauensvolles Handeln als beobachtbares Verhalten auffasst, das

- die eigene *Verwundbarkeit steigert,*
- gegenüber einer Person erfolgt, die *nicht der persönlichen Kontrolle unterliegt* und
- in einer Situation gewählt wird, in der der *Schaden*, den man erleidet, wenn der andere die eigene Verwundbarkeit ausnutzt, *größer ist als der Nutzen*, den man aus dem Verhalten ziehen kann.

Wesentlich hierbei ist, dass sich eine Person freiwillig in die „Hände" einer anderen Person begibt, ihr Schicksal von einer anderen Person abhängt, und dass möglicherweise die negativen Konsequenzen die positiven übersteigen. Die Definition von Deutsch ist mit der von Rotter vereinbar, jedoch erheblich konkreter, was beobachtbares vertrauensvolles Verhalten angeht.

Eine noch stärker verhaltensorientierte Definition stammt von Krumboltz und Potter (1980), die eine Verhaltensliste vorlegen, welche verbale und motorische Indikatoren von Vertrauen anführt. So sollen speziell im vertrauensbildenden Arzt-Klient-Kontakt folgende Verhaltensweisen besonders häufig auftreten (Krumboltz & Potter, 1980, S. 57):

- Hier-und-jetzt-Äußerungen,
- selbstexplorative Äußerungen,
- Wunsch nach und Verstärkung von selbstexplorativen Äußerungen,
- Bitte um bzw. Erteilen von Feedback,
- Bitte um Hilfe bei einem Problem,
- spontane, unaufgeforderte Beteiligung und
- wechselseitiges Verstärken.

Johnson und Matross (1977) geben eine weitere, an den Handlungsbedingungen des Klinischen Psychologen orientierte Definition. Die Autoren glauben, dass sich Vertrauen in der Bereitschaft zeigt, über Themen zu sprechen, die potenziell Bewertung und Zurückweisung hervorrufen können. Auch hier wird Vertrauen als risikobehaftetes Verhalten für den Klienten begriffen.

Nach Mayer, Davis und Schoorman (1995) ergibt sich Vertrauen aus der Erwartung einer Person, dass eine Situation auch ohne die vollständige Kontrolle möglicher negativer oder opportunistischer Verhaltensweisen zu einem gewünschten positiven Ausgang kommt.

Nach Oswald (2006) kann man zwischen generellem und spezifischem Vertrauen differenzieren. Bei generellem Vertrauen handelt es sich demnach um die allgemeine Erwartung des Bestehens und Erfüllens von natürlichen und moralischen Regeln, wohingegen spezifisches Vertrauen die Erwartung von guten Absichten bei einer anderen Person darstellt.

Rempel, Holmes und Zanna (1985) postulieren für die Entwicklung von Vertrauen in Partnerbeziehungen drei Stufen, die von der Vorhersagbarkeit über die Zuverlässigkeit zur Treue führen. Diese Stufen sind zwar nicht eindeutig in ihrer Entwicklung differenzierbar, benennen jedoch wichtige Merkmale von Vertrauen (vgl. Koller, 1990). Nach Rempel et al. (1985) resultiert Vertrauen in der Anfangsphase einer Beziehung auf der Vorhersagbarkeit des Verhaltens in einer Partnerschaft. Später wird das Vertrauen in den Partner aus seiner Zuverlässigkeit resultieren. In der letzten Stufe einer Beziehung benötigt man Zuversicht (= Treue), um einen Partner zu vertrauen, da man nie abschätzen kann, wie sich dieser in der Zukunft und veränderten Bedingungen verhalten wird. Zuversicht geht also über die bloße Augenscheinlichkeit hinaus. Ihre Entstehung hängt zum einen vom früheren Verhalten der Person ab, zum anderen von ihrer Motivation, die Beziehung aufrechtzuerhalten.

Auch Lewicki und Bunker (1995) unterscheiden drei Stufen der Entstehung von Vertrauen:

- die Stufe des *kalkulationsbasierten Vertrauens*, in der die Reziprozität durch eine Kosten-Nutzen-Kalkulation abgesichert wird,
- die Stufe des *wissensbasierten Vertrauens*, in der man die positiven Eigenschaften der Person kennt, und
- die Stufe des *identitätsbasierten Vertrauens*, in der sich die Ziele und Werte des Partners mit den eigenen decken.

Yamagishi und Yamagishi (1994) zeigen in folgendem Beispiel eine mögliche Unterscheidung von Vertrauen in die Motive einer Person und das Zutrauen in deren Kompetenzen: Man kann Vertrauen in die gute Absicht eines Piloten haben, aber keines in seine Kompetenz. Somit kann man sich in einem kleinen, von einem unsicheren Piloten geführten Flugzeug unsicher fühlen, obwohl man dem Piloten keine böse Absicht unterstellt.

Die wichtigsten gemeinsamen Merkmale vieler Definitionen fasst Schlenker et al. (1973) in einem Satz zusammen. Wesentlich im Verständnis von Vertrauen sind:

- der Aspekt der Ungewissheit,
- das Vorhandensein eines Risikos,
- die mangelnde Beeinflussung des Schicksals (freiwilliger oder erzwungener Kontrollverzicht) und
- die Zeitperspektive (= auf die Zukunft ausgerichtet).

Ein wichtiger, allerdings nur in der Definition von Luhmann ausdrücklich hervortretender Aspekt, bezieht sich noch auf die Verknüpfung von Vertrauen und Selbstvertrauen. Der Autor (1973, S. 77) argumentiert, „dass Menschen vertrauensbereit sind, wenn sie über innere Sicherheit verfügen, das heißt wenn ihnen eine Art Selbstsicherheit innewohnt, die sie befähigt, etwaigen Vertrauensenttäuschungen mit Fassung entgegenzusehen …“. In diesem Kontext wäre Selbstvertrauen eine vertrauensfördernde Bedingung – eine Überlegung, die wir in Kapitel 5.2 vertiefen wollen.

Zur besseren Übersicht werden die wichtigsten Aussagen zum Phänomen „Vertrauen“ im Folgenden noch einmal aufgelistet.

**Vertrauensdefinitionen:**

1. Vertrauen resultiert aus bisheriger Erfahrung und der Hoffnung auf das Gute im Menschen (Schottlaender, 1957).
2. Vertrauen reduziert die Komplexität menschlichen Handelns, erweitert zugleich die Möglichkeiten des Erlebens und Handelns und gibt Sicherheit (Luhmann, 1973).
3. Vertrauen hängt von frühkindlichen Erfahrungen, vor allem von der Qualität der Mutter-Kind-Beziehung ab. Unnötige Versagungen, Drohungen und persönliche Unzuverlässigkeit verhindern Vertrauen (Erikson, 1963).
4. Vertrauen basiert auf der Erwartung einer Person oder einer Gruppe, sich auf ein mündlich oder schriftlich gegebenes – positives oder negatives – Versprechen einer anderen Person bzw. Gruppe verlassen zu können (Rotter, 1967; 1971).
5. Zwischenmenschliches Vertrauen bewirkt, dass man sich in einer riskanten Situation auf Informationen einer anderen Person über schwer abschätzbare Tatbestände und deren Konsequenzen verlässt (Bierhoff, 1984).
6. Vertrauen ist der Glaube, dass der andere für einen irgendwann das tut, was man für ihn getan hat (Jackson, 1980).
7. Vertrauensvolles Handeln weist Verhaltensweisen auf, die
   (a) die eigene Verwundbarkeit steigern,
   (b) gegenüber einer Person erfolgen, die nicht der persönlichen Kontrolle unterliegt,
   (c) in einer Situation gewählt werden, in der der Schaden, den man möglicherweise erleidet, größer ist als der Nutzen, den man aus dem Verhalten ziehen kann (Deutsch, 1962).
8. Vertrauen zwischen zwei Menschen lässt sich an verbalen und motorischen Indikatoren feststellen; solche sind häufige Hier-und-jetzt-Äußerungen, selbstexplorative Äußerungen, Bitte um bzw. Erteilen von Feedback, Bitte um Hilfe bei einem Problem, spontane unaufgeforderte Beteiligung und wechselseitiges Verstärken (Krumboltz & Potter, 1980).
9. Vertrauen zeigt sich in der Bereitschaft, über Themen zu sprechen, die potenziell Abwertung und Zurückweisung hervorrufen können, für den Betroffenen also ein Risiko darstellen (Johnson & Matross, 1977).

10. Vertrauen ist die Erwartung einer Person, dass eine Situation auch ohne die vollständige Kontrolle möglicher negativer oder opportunistischer Verhaltensweisen zu einem gewünschten positiven Ausgang kommt (Mayer, Davis & Schoorman, 1995).
11. Vertrauen ist differenzierbar in generelles und spezifisches Vertrauen. Bei generellem Vertrauen handelt es sich um die allgemeine Erwartung des Bestehens und Erfüllens von natürlichen und moralischen Regeln, bei spezifischem Vertrauen um die Erwartung von guten Absichten bei anderen Personen (Oswald, 2006).
12. Vertrauen entwickelt sich in Partnerbeziehungen in drei Stufen: Vorhersagbarkeit, Zuverlässigkeit und Zuversicht (= Treue; Rempel et al., 1985).
13. Die Entstehung von Vertrauen lässt sich in drei Stufen unterteilen: die Stufe des kalkulationsbasierten Vertrauens, die Stufe des wissensbasierten Vertrauens und die Stufe des identitätsbasierten Vertrauens (Lewicki & Bunker, 1995).
14. Vertrauen bezieht sich auf zukünftige Handlungen anderer, die der eigenen Kontrolle entzogen sind und daher Ungewissheit und Risiken beinhalten (Schlenker et al., 1973).
15. Dem Interaktionspartner, dem eine Person vertraut, wird unterstellt, dass er sich gegebenenfalls darum bemühen werde, von der Person, die ihm vertraut, möglichen Schaden abzuhalten (Laucken, 2000).
16. Unter neurowissenschaftlicher Perspektive postulieren Zak und Kugler (2011), dass Vertrauen in verschiedene Komponenten untergliedert werden kann, wobei dem Vertrauenssignal und der damit verbundenen Varianz eine zentrale Rolle zukommt. Die Vertrauensbereitschaft wird entscheidend durch das Hormon Oxytozin bestimmt (vgl. im Detail Kapitel 3).

## 1.2 Zielsetzung

Vertrauen beschreibt soziale Indikatoren und Handlungsweisen, die erst durch die Ergänzung eines „zu wem“ oder „wofür“ sinnvoll werden, mit anderen Worten: Vertrauensdefinitionen konkretisieren sich auf dem Hintergrund der speziellen Zielbestimmungen. Ohne einen konkreten Bezug ist eine Diskussion über Vertrauen wenig fruchtbar. Die wichtigsten Anwendungsgebiete liegen im Bereich der Organisations- und Klinischen Psychologie. In einigen Fällen wurden auch Fragestellungen aus der Pädagogischen Psychologie und Pädagogik bearbeitet (Neubauer, 1991; Schäfer, 1980; Schweer, 2008; Tarter & Hoy, 1988). Für Organisationspsychologen bestimmt das Ausmaß an Vertrauen, wie viel relevante Informationen mitgeteilt werden, inwieweit Kontrolle durch andere möglich und wie viel fremder Einfluss auf die eigenen Entscheidungen erlaubt wird (vgl. Alberternst & Moser, 2007; Atwater, 1988; Butler & Cantrell, 1984; Petermann et al., 1992). In Publikationen zur Gestaltung einer therapeutischen oder ärztlichen Beziehung wird betont, dass der Behandelnde dann vertrauenswürdiger wirkt, wenn er verbal und nonverbal konsistent, aufmerksam und zuversichtlich ist, sowie häufiger Blickkontakt sucht (Bochmann & Petermann, 1989). Die in der Klinischen Psychologie gebräuchlichen Begriffe, wie Interesse am anderen, optimistische Lebensauffassung (s. a. Truax & Mitchell, 1977), geben leider wenig Anhaltspunkte. Sie sind zu global und in der Regel nicht empirisch prüfbar. Wir wollen uns deshalb grundlegender um neuere sozialpsychologische Konzepte zur Beschreibung von Zweierbeziehungen bemühen und diese auf klinisch-psychologische Fragestellungen übertragen. Des Weiteren sollen auch aktuelle Ergebnisse über die biologischen Grundlagen des Vertrauens vorgestellt werden.

Als Anwendungsgebiet wählten wir Kind-Erwachsenen- beziehungsweise Kind-Therapeut-Interaktionen, anhand derer der Aufbau von Vertrauen beschrieben und analysiert werden soll (vgl. Esser & Petermann, 1985; Rotenberg, 1991; Rotenberg et al., 2005; Rotenberg et al., 2008). Es soll demonstriert werden, welche Mechanismen des Vertrauenserwerbs Laien und Kinderärzte beziehungsweise Kinderpsychotherapeuten im Umgang mit Grundschulkindern unbewusst oder bewusst einsetzen. Diese empirischen Studien wurden einzelfallanalytisch ausgewertet und sollen in ihren empirischen Befunden im Groben berichtet werden: Globale Annahme dieser Studien wird sein, dass Vertrauen die Offenheit der Kommunikation und die Bereitschaft zur Problembearbeitung sowie zur Einstellungsänderung verbessert (vgl. Barber, 1983; Hohmann, 1988), also ein wünschenswertes Verhalten bildet. So einfach die Fragestellung erscheint, so schwierig ist ihre empirische Umsetzung. Es ergeben sich:

- *Theoretische Probleme* aus den verschiedenen Zugängen zur Vertrauensforschung. Wir beschränken uns auf die psychologischen Ansätze, die Vertrauen als *Persönlichkeits-, Situations-* und *Beziehungsmerkmal* auffassen. Es wird versucht, diesen Richtungen empirische Forschungsergebnisse zuzuordnen.
- Schwierigkeiten im Rahmen des *Findens von Indikatoren für Vertrauen*. Man kann sowohl verbale als auch nonverbale Indikatoren zur Beschreibung von vertrauensvollem Handeln und vertrauensauslösenden Bedingungen identifizieren.
- Probleme bei der *Ableitung von Handlungsrichtlinien*, nach denen Vertrauen aufgebaut und vertrauensfördernde Verhaltensweisen für Erwachsene (Therapeuten) begründet werden sollten.

Ziel der Ausführungen ist es, ein Rahmenmodell zu erstellen, das Hinweise darüber enthält, welche Merkmale, Verhaltensweisen und Einstellungen eines Therapeuten/ Erwachsenen notwendig sind, um von einem Kind als vertrauenswürdig wahrgenommen zu werden und welche situativen Bedingungen den Vertrauensaufbau erleichtern. Dieses Rahmenmodell sollte auch in der Lage sein, den Prozess der Vertrauensentwicklung zu beschreiben. Ein wichtiges Ziel ist jedoch schon erreicht, wenn es gelingt, bestimmte Phasen der Kontaktgestaltung zwischen Kind und Erwachsenen zu beschreiben. Unsere eigenen empirischen Studien beschränken sich auf die wichtige Phase des Vertrauensaufbaus, das heißt auf die Analyse des *Erstkontaktes*.

Eine wenig konturhafte Begriffswelt ist in der Regel auch empirisch schlecht zu erfassen – vor allem, wenn wenig aufgearbeitete Erhebungsverfahren vorliegen. Die von uns entwickelten Verhaltensbeobachtungssysteme müssen sicherlich anhand weiterer Anwendungsbeispiele noch auf ihre Aussagekraft hin abgesichert werden. Es liegen erst wenige Studien an größeren Stichproben vor, die die Beziehung zwischen den Merkmalen „Einfühlungsvermögen", „Selbstvertrauen", „Vertrauen" und „wahrgenommene Glaubwürdigkeit" ausloten (vgl. Kiy et al., 1990; Köhnken, 1990; Rotenberg et al., 2004; Wilson & Carroll, 1991)

## 1.3 Perspektiven

In den letzten Jahren hat sich im Rahmen der Erforschung des Vertrauens sehr viel getan. Besonders in der neurowissenschaftlichen Forschung sind große Fortschritte in der Entschlüsselung der biologischen Grundlagen des Vertrauens gemacht worden. Diese haben unter anderem Einfluss

- auf die Definition des Vertrauensbegriffs sowie
- auf die Entwicklung neuer therapeutischer Maßnahmen zur Behandlung von psychischen Störungen, die mit Vertrauensdefiziten einhergehen (vgl. Kapitel 3).

Aber auch außerhalb der neurowissenschaftlichen Forschungslandschaft (jedoch vielleicht durch diese angestoßen) erlebt die Vertrauensforschung momentan eine Renaissance, die sicher zu vielen neuen Erkenntnissen führen wird. Diese wiederum können das therapeutische und auch unser alltägliches Handeln beeinflussen und somit neue Perspektiven eröffnen.

## 1.4 Zusammenfassung

Es wurden 16 Vertrauensdefinitionen vorgestellt, wobei die meisten das Moment der Ungewissheit und das Risikohafte betonen. Für eine Reihe von Autoren, so auch Rotter, ist Vertrauen gleichbedeutend mit der generalisierten Erwartung, sich auf Versprechen eines Partners verlassen zu können. Die meisten Autoren fassen demnach Vertrauen als Einstellung auf. Wir werden in Kapitel 2 sehen, dass diesbezügliche Konzepte eine Vielzahl von Vertrauensfragebögen zur Folge hatten. Einen anderen Weg beschritt Ende der 1950er Jahre Deutsch, der Vertrauen als konkretes Handeln begriff, das sich vornehmlich in der Kooperationsbereitschaft gegenüber einem Partner niederschlägt. Im Ausmaß der gezeigten Kooperation spiegelt sich die Bereitschaft wider, in eine Beziehung ohne Vorleistung des Partners etwas zu „investieren" und dadurch ein Risiko einzugehen.

Wir werden in diesem Buch Formen der Kooperation (in experimentellen Spielen) kennenlernen, in denen man über seinen Partner keine Kontrolle ausüben kann und ihm weitgehend ausgeliefert ist. Diese Merkmale liegen vielen Vertrauensdefinitionen zugrunde. In den eigenen Studien werden wir auf die verhaltensbezogene, eher klassifizierende Vertrauensdefinition von Krumboltz und Potter (1980) eingehen, die sich am besten dazu eignet, Merkmale von Vertrauen zu identifizieren, die man in den Alltagssituationen vorfindet. Genau darin liegt der bevorzugte Zugang zur Vertrauensforschung, wobei wir die in Kapitel 4 berichteten Befunde der experimentellen Sozialpsychologie mit einbeziehen.

# Kapitel 2

# Erfassung von Vertrauen

Zur Erfassung von Vertrauen werden traditionell zwei Wege beschritten: (1) der Einsatz von Fragebögen, mit denen Vertrauen direkt erhoben werden kann und (2) die Variation von Bedingungen in experimentellen Spielen, unter denen man vertrauensvolles Verhalten in unterschiedlicher Ausprägung erwartet.

Schon vor 45 Jahren wurde mit Fragebögen zwischenmenschliches Vertrauen erfasst (vgl. Rotter, 1967). Dieses Vorgehen eignet sich für Studien, in denen Einstellungen und deren Veränderbarkeit ökonomisch untersucht werden sollen. Eine sensible Analyse von Interaktionsverläufen in Beziehungen, die einen Schwerpunkt dieses Buches bilden, kann damit jedoch nicht erfolgen (vgl. Butler, 1986; Petermann & Eid, 2006).

Neben diesen Erhebungsverfahren im engeren Sinne wurde versucht, kooperatives Verhalten in experimentellen Spielen nachzubilden und Formen und Ausprägungen von Vertrauen zu variieren. Man setzte dabei kooperatives und vertrauensvolles Verhalten gleich und schloss aus dem Ausmaß der Kooperation, ob und in welchem Umfang jemand bereit war, seinem Spielpartner zu vertrauen. Die Forschung griff dabei zum Beispiel auf das sogenannte Gefangenen-Dilemma-Spiel aus der Entscheidungsforschung sowie auf das Trust Game zurück, Verfahren, auf die in Kapitel 2.2 ausführlich eingegangen wird. Leider kann man die experimentellen Spielsituationen nur selten auf Situationen übertragen, in denen im Alltag Vertrauen gezeigt wird oder vonnöten ist.

In den letzten Jahren haben sich aufgrund der raschen Entwicklung der Neurowissenschaften verschiedene Möglichkeiten aufgetan, auch physiologische Faktoren des Vertrauens zu erfassen und dadurch Fragen nach den biologischen Grundlagen des Vertrauens zu nachzugehen. Auf die Erfassung der biologischen Grundlagen des Vertrauens wird in Kapitel 3 genauer eingegangen.

## 2.1 Fragebögen

Im Folgenden werden einige ausgewählte Fragebögen zur Erfassung *generalisierten* und *spezifischen* zwischenmenschlichen Vertrauens vorgestellt: Generalisiertes Vertrauen unterstellt, dass die Einstellung als stark verallgemeinerte Lebenshaltung auf nahezu alle Bereiche bezogen ist. Spezifisches Vertrauen bezieht sich zum Beispiel auf eine Einstellung gegenüber einer vertrauten Person oder einer Personengruppe (etwa Ärzte); des Weiteren wird kurz auf einen halbstandardisierten Gesprächsleitfaden eingegangen. Die Darstellung ist chronologisch orientiert, so dass die Reihenfolge der behandelten Fragebögen einen Einblick in die Phasen der Entwicklung des Begriffes „Vertrauen" zulässt. Die Entwicklung der Erhebungsverfahren ist Spiegelbild der Vertrauensforschung, und man kann den jeweiligen Erkenntnisstand daran gut ablesen.

### 2.1.1 Erfassung von generalisiertem Vertrauen

Unter generalisiertem Vertrauen soll die unterstellte oder erhoffte Glaubwürdigkeit eines Partners im Allgemeinen verstanden werden. Diesbezügliche Erwartungen bilden sich allmählich heraus und sind relativ stabil, wie Rotter vielfach belegte (1967; 1980). Folgende Verfahren liegen vor:

- die Skala zur Erfassung von Überzeugungen über die menschliche Natur (Philosophies of Human Nature Scale von Wrightsman, 1964; hier in der Version von Stack, 1978),
- die Skala zur Erfassung interpersonellen Vertrauens (Interpersonal Trust Scale von Rotter, 1967),
- die Skala zur Erfassung von interpersonellem Vertrauen im Kindesalter (Children's Scale of Interpersonal Trust von Hochreich, 1973)
- die Children's Generalized Trust Belief Scale (CGTB) von Rotenberg et al. (2005) und
- der Fragebogen zur Erfassung sozialen Vertrauens von Krampen et al. (1982).

#### Skala zur Erfassung von Überzeugungen über die menschliche Natur von Wrightsman

Anfang der 60er Jahre des letzten Jahrhunderts interessierte sich Wrightsman (1964) für stabile Überzeugungen über die Natur des Menschen, wobei er eine Vielzahl unabhängiger Dimensionen annahm. So unterschied er unter anderem zwischen Willensstärke, Streben nach Unabhängigkeit, Altruismus und Vertrauenswürdigkeit. Es zeigte sich jedoch, dass diese Aspekte nicht unabhängig voneinander waren. So korrelierten zum Beispiel Vertrauenswürdigkeit und Altruismus über .66. Diese Ergebnisse veranlassten Stack (1978) zu einer Revision der Skala (Beispielitems vgl. Kasten). Die revidierte Version enthält je zehn Fragen zu „zynischen" und „moralischen" Ansichten über den Menschen. Demnach kann man pessimistisch bezüglich Ehrlichkeit und Moral anderer Menschen sein und dennoch glauben, dass man sich in der Not auf sie verlassen kann. Nach Wrightsman ist Vertrauen also eine Kombination von positiven und negativen Überzeugungen über die Glaubwürdigkeit und Selbstlosigkeit der Mitmenschen. Zwischen diesen Dimensionen besteht jedoch tendenziell eine Korrelation von –.27 bis .61. Die Kritik an dieser Skala richtet sich darauf, dass man mit ihr die Faktoren, die für die soziale Wahrnehmung und Zuschreibung von Vertrauen bedeutsam sind, nicht erfassen kann. Dieser Fragebogen ist besonders wichtig, da seine Fragen in neueren Skalen oft verwendet wurden.

**Beispiele der Skala zur Erfassung von Überzeugungen über die menschliche Natur in der Version von Stack[1]:**

- Frage 1: Die meisten Leute würden in ein Kino gehen, ohne zu bezahlen, wenn sie sicher sein könnten, dass man sie nicht ausfindig macht. (Z)
- Frage 4: Die meisten Leute handeln auch heute nach dem Motto: „Was du nicht willst, was man dir tut, das füg' auch keinem anderen zu!" (V)
- Frage 6: Schüler schummeln bei einer Klausur, da es alle tun, selbst wenn sie moralische Bedenken haben. (Z)
- Frage 7: Die meisten Leute zögern nicht, jemand zu helfen, der in Bedrängnis ist. (V)
- Frage 8: Die meisten Leute würden lügen, wenn sie einen Vorteil davon hätten. (Z)
- Frage 11: Viele Leute behaupten, dass sie moralische Normen bezüglich Ehrlichkeit und Anstand besitzen, aber nur wenige bleiben ihnen treu, wenn es darauf ankommt. (Z)
- Frage 14: Viele Leute sagen gewöhnlich die Wahrheit, selbst wenn sie wissen, dass sie mit Lügen besser dran sind. (V)
- Frage 17: In der Regel wird man bei seiner Meinung bleiben und sich nicht von andern beirren lassen, wann man sich im Recht glaubt. (V)

## Skala zur Erfassung interpersonellen Vertrauens von Rotter

Die zweite historisch wichtige Skala stammt von Rotter (1967). Auch er fasst Vertrauen, wie in Kapitel 1.1 aufgeführt, als generalisierte Erwartung auf, die sich infolge des Umgangs mit einer Vielzahl von Personen und Alltagssituationen herausbildet. Vertrauen bezieht sich hierbei auf das Ausmaß, in dem es einer Person gelingt, verbalen Aussagen Glauben zu schenken. Rotter formuliert zur Erfassung dieser Tendenz Fragen wie „... in unserer Gesellschaft nimmt die Heuchelei zu". Er stellt also keine Fragen, die auf spezielle Personen abzielen, mit denen man engen Kontakt hat.

Nach Rotter (1980) werden generalisierte Erwartungen nicht nur durch unmittelbare Erfahrungen gelernt, sondern auch durch Urteile, die andere über Gruppen oder Personen äußern bzw. durch Bewertungen glaubwürdiger Massenmedien. Auf diesem Hintergrund wurde eine Vielzahl von Fragen gesammelt. Die Fragen werden auf einer in fünf Stufen unterteilten Einschätzungsskala vorgegeben. Der gesamte Fragebogen besteht aus 25 „Vertrauensfragen" (Beispielitems vgl. Kasten); zudem enthält der Fragebogen 15 „Füllfragen". Der Rotter-Fragebogen wurde in den meisten Studien zur Vertrauensforschung eingesetzt.

1 Übersetzung durch den Autor, Subskalen: Z = Zynismus; V = Vertrauen

**Beispiele der Skala zur Erfassung interpersonellen Vertrauens von Rotter[2]:**

- Die meisten Leute wären entsetzt, wenn sie wüssten, wie viele Nachrichten, die man sieht oder hört, verfälscht sind.
- Viele bedeutende nationale Sportwettkämpfe sind in der einen oder anderen Weise manipuliert.
- Im Umgang mit Fremden ist man besser solange vorsichtig, bis sie bewiesen haben, dass sie vertrauenswürdig sind.
- Die Leute werden eher durch Furcht vor sozialer Missbilligung oder Bestrafung als von ihrem Gewissen davon abgehalten, Gesetze zu übertreten.
- Das Gericht ist der Ort, wo wir alle eine unvoreingenommene Behandlung erfahren können.
- Bei Eltern kann man sich normalerweise darauf verlassen, dass sie ihre Versprechen halten.
- Die meisten gewählten Volksvertreter meinen es bei ihren Wahlversprechen wirklich ehrlich.
- In der heutigen, vom Konkurrenzdenken geprägten Zeit muss man auf der Hut sein, wenn man nicht ausgenutzt werden will.
- Die meisten Kaufleute sind bei der Beschreibung ihrer Waren ehrlich.
- Ein großer Teil von Schadensersatzansprüchen, die gegen Versicherungsgesellschaften erhoben werden, beruht auf Schwindel.
- Die meisten Leute beantworten Meinungsumfragen ehrlich.

Was die „Vertrauensfragen“ angeht, so lassen sie sich nach dem Augenschein in vier Gruppen gliedern:

- Aussagen über die Gesellschaft und Zukunft im Allgemeinen,
- Aussagen über politische und soziale Institutionen,
- Fragen zur Glaubwürdigkeit von Medien und
- Fragen zur Glaubwürdigkeit einer Vielzahl von Gruppen (Eltern, Kaufleute usw.).

Die Reliabilität des Fragebogens (vgl. Tab. 1) betrug bei einer Stichprobe von 547 Studenten .76. Dieser Wert ist ausreichend hoch. Die Retest-Reliabilitäten sind nach mehreren Monaten mit .56 und .68 befriedigend (vgl. ebenfalls Tab. 1), Rotter (1967) konnte zudem mäßige Korrelationen zu einer Skala zur Erfassung der sozialen Erwünschtheit von Vertrauen feststellen. Auf diese Weise ergab sich eine Korrelation von .38 für eine Stichprobe von 299 Personen, was zumindest als Teilbeleg für die soziale Erwünschtheit von Vertrauen angesehen werden kann.

Eine Reihe empirischer Arbeiten beschäftigten sich kritisch mit der Aussagekraft der Skala von Rotter (vgl. Amelang, Gold & Külbel, 1984; Amelang & Bartussek, 2010). Es handelt sich in der Regel um faktorenanalytische Studien.

2 Übersetzung durch den Autor

## Skala zur Erfassung interpersonellen Vertrauens im Kindesalter von Hochreich

Eine Vertrauensskala speziell für Kinder legte Hochreich (1973) vor. Der Fragebogen folgt dem theoretischen Konzept von Rotter, wobei die Fragen aus Comic-Zeichnungen bestehen, auf denen irgendjemand einem kleinen Jungen oder Mädchen ein Versprechen macht. In einer Voruntersuchung waren 29 Comic-Zeichnungen von 36 Sechs- bis Achtklässlern ohne eine Antwortvorgabe zu bewerten. Daraufhin wurden solche Fragen ausgewählt, die Vertrauens- oder Misstrauensantworten hervorriefen. Die am häufigsten genannten Bewertungen wurden als vorgegebene Antworten in die endgültige Skala eingesetzt. Diese umfasst 22 Comic-Zeichnungen, zu denen das Kind jeweils eine von vier Antwortmöglichkeiten bestimmt. Alle Zeichnungen erfassen Vergleichbares, das heißt sie korrelieren hoch miteinander. Die Reliabilität der Skala beträgt .88 (vgl. Tab. 1).

## Die Children's Generalized Trust Belief Scale (CGTB) von Rotenberg und Mitarbeitern

Ein aktueller Fragebogen zur Vertrauensmessung stammt von Rotenberg und Mitarbeitern (2005). Die Autoren entwerfen eine Skala mit 24 Fragen zur Erfassung interpersonalen Vertrauens im Kindesalter. Die Fragen werden auf einer Likert-Skala beantwortet. Gemessen wird das spezifische Vertrauen von Kindern in die vier Zielgruppen: Mutter, Vater, Lehrkräfte und Gleichaltrige. Dieser Fragebogen von Rotenberg und Mitarbeitern (2005) basiert auf den Dimensionen Zuverlässigkeit, Ehrlichkeit und wohlwollendes Verhalten. Die Vorgaben des Modells konnten empirisch überprüft und bestätigt werden.

## Fragebogen zur Erfassung des sozialen Vertrauens von Krampen und Mitarbeitern

In Anlehnung an den Rotter-Fragebogen haben für den deutschsprachigen Bereich Krampen et al. (1982) einen Fragebogen entwickelt, der sinngemäß einen Teil der Aussagen von Rotter übernahm. Die Autoren fügten fünf neue Fragen hinzu, die Vorsichtshaltungen bzw. Misstrauen gegenüber anderen Personen – verbunden mit sozialen Angstgefühlen – erfassen. Es handelt sich bei den ergänzten Fragen um Formulierungen wie „Ich bin ziemlich vertrauensselig." oder „Ich habe Angst davor, einmal Opfer eines Verbrechens zu werden.". Für die Erweiterung wird keine detaillierte Begründung angegeben.

Eine Analyse dieses Fragebogens erbrachte drei Faktoren:

- Soziales Misstrauen und soziale Angst (7 Fragen, davon 2 Rotter-Fragen),
- Vertrauen in die Zuverlässigkeit anderer Personen (6 Rotter-Fragen) und
- Misstrauen gegenüber Medien (5 Rotter-Fragen).

Für diese drei Skalen wurden die Reliabilitäten berechnet. Die Skalen korrelieren nur schwach miteinander, was ihre Unabhängigkeit belegt. Die Aussagekraft des Fragebogens zeigt, dass vor allem Korrelationen zur Skala „Soziales Misstrauen und soziale Angst" bestehen. So korreliert diese Skala mit subjektiv erlebter Machtlosigkeit, Fatalismus, Konservatismus und Rigidität sowie Machiavellismus (vgl. Krampen et al., 1982). Diese Ergebnisse sind also vorwiegend auf die neuformulierten Fragen zurückzuführen, die in Form und Inhalt erheblich von den Rotter-Fragen abweichen (z. B. die Ich-Formulierung der Fragen). Damit bleibt letztlich die Aussagekraft dieses Fragebogens für die Vertrauensforschung im Dunkeln.

**Tabelle 1:** Verfahren zur Erfassung generalisierten Vertrauens

| Name | Skalenmerkmale | Beispielfrage | Ausgewählte Gütekriterien |
|---|---|---|---|
| *Philosophies of Human Nature Scale (PHN)* (Erste Version: 1964; hier Version nach Stack, 1978) | Sechsstufige Skala mit zwei Faktoren:<br>– „Zynismus" (Z)<br>– „Vertrauen" (V)<br>mit je 10 Fragen | „Die meisten Leute würden eine Lüge erzählen, wenn sie einen Vorteil davon hätten." (Z)<br>„Die meisten Leute werden für das eintreten, woran sie glauben." (V) | Interne Konsistenz nach Cronbachs Alpha (N = 352):<br>– „Zynismus" (r = .77)<br>– „Vertrauen" (r = .85) |
| *Interpersonal Trust Scale (IST)* (Rotter, 1967) | Fünfstufige Skala mit 25 Fragen. Als eindimensionale Skala entwickelt, bildet aber mehrere Faktoren ab; unter anderem:<br>– „Vertrauen in Mitmenschen und Vertrauen in soziale Agenten" (A)<br>– „Institutionelles und politisches Vertrauen" (B) | „Bei Eltern kann man sich gewöhnlich darauf verlassen, dass sie ihre Versprechen halten." (A)<br>„Das Gericht ist ein Ort, wo wir alle eine unvorhergenommene Behandlung erhalten." (B) | Korrigierte Split-half-Reliabilität (N = 547): $r_{12}$ = .76<br>Retest-Reliabilität:<br>– 7 Monate (N = 24): $r_{tt}$ = .56<br>– 3 Monate (N = 24): $r_{tt}$ = .68 |
| *Children's Scale of Interpersonal Trust* (Hochreich, 1973) | 22 Fragen in Comic-Form mit je 4 Antworten (davon 2 Vertrauen, 2 Misstrauen) | Zeichnungen mit Alltagssituationen und Interaktionspartnern wie Eltern, Lehrkräfte, Verkäufer, Gleichaltrige usw., auf denen immer jemand einem kleinen Jungen oder Mädchen ein verbales Versprechen macht. | Korrigierte Split-half-Reliabilität (n = 77): $r_{12}$ = .88 |

**Tabelle 1** (Fortsetzung)

| Name | Skalenmerkmale | Beispielfrage | Ausgewählte Gütekriterien |
|---|---|---|---|
| *Children's Generalized Trust Belief Scale* (Rotenberg et al., 2005) | 24 Fragen<br>Vertrauen von Kindern in vier Zielgruppen: Mutter, Vater, Lehrkräfte und Gleichaltrige<br>Dimensionen: Ehrlichkeit, Zuverlässigkeit, wohlwollendes Verhalten | Beispiel:<br>Zielgruppe: Mutter<br>Dimension: Zuverlässigkeit<br>Sarahs Mutter sagte, dass sie eine halbe Stunde später ins Bett gehen kann, wenn sie ihr Zimmer aufräumt. Sarah räumt ihr Zimmer auf. Wie wahrscheinlich ist es, dass die Mutter Sarah eine halbe Stunde später ins Bett gehen lässt? | Interne Konsistenz nach Cronbachs Alpha (N = 352):<br>r = .76 |
| *Fragebogen zur Erfassung sozialen Vertrauens (SV-Skala)* (Krampen et al., 1982) | Fünfstufige Urteilsskala mit 18 Fragen und Subskalen:<br>– „Soziales Misstrauen und soziale Angst" (SM; 7 Fragen)<br>– „Vertrauen in die Zuverlässigkeit anderer" (VZ; 6 Fragen)<br>– „Misstrauen gegenüber Medien" (MM; 5 Fragen) | „Ich bin ziemlich vertrauensselig." (SM)<br>„Vor Gericht werden wir alle unvoreingenommen behandelt." (VZ)<br>„Unserem Land steht eine dunkle Zukunft bevor, wenn wir nicht bessere Leute in die Politik bringen." (MM) | Korrigierte Split-half-Reliabilität (N = 191):<br>SN: $r_{12}$ = .74<br>VZ: $r_{12}$ = .77<br>MM: $r_{12}$ = .68<br>Interne Konsistenz nach Kuder-Richardson F8 (N = 191):<br>SM: $r_{tt}$ = .94<br>VZ: $r_{tt}$ = .93<br>MM: $r_{tt}$ = .91 |

## 2.1.2 Erfassung von spezifischem Vertrauen

Ein Problem der Skalen zur Erfassung generalisierten Vertrauens besteht darin, dass die mit ihnen erzielten Ergebnisse sich kaum auf das Verhalten in einer konkreten Situation oder gegenüber einer bestimmten Person anwenden lassen. Die gefundenen Korrelationen zwischen Fragebogen und gezeigtem Vertrauen liegen zwischen .30 und .40. Dies entspricht den gängigen Befunden der Einstellungs- und Verhaltensforschung (vgl. eine Übersicht in Frey & Bierhoff, 2012). Der Zusammenhang zwischen erfragten Einstellungen und gezeigtem Verhalten wird in der Regel höher, wenn man

Einstellungen spezifischer erfasst. Hierzu liegen zumindest die folgenden sechs Fragebögen vor:

- die Imber-Skala zur Einschätzung kindlichen Vertrauens (Children's Trust Scale von Imber, 1973),
- die Lehrer-Skala zur Einschätzung kindlichen Vertrauens (Teacher Trust-Rating Scale von Imber, 1973),
- die Skala zur Erfassung spezifischen interpersonellen Vertrauens (Specific Interpersonal Trust Scale von Johnson-George & Swap, 1982),
- die Children's Trust in General Physicians Scale von Rothenberg und Mitarbeitern (2008),
- die Vertrauen in den Arzt (VIA) Skala und
- die Vertrauensskala von Bierhoff und Buck (1984; vgl. auch Buck & Bierhoff, 1986).

Es sollen noch Skalen erwähnt werden, die Vertrauen im Arbeitsleben (z. B. Vertrauen in das Management, in Arbeitskollegen oder die Erfassung von Betriebsloyalität: Cook & Wall, 1980; Scott, 1980) und Vertrauen im Pflegebereich (z. B. Vertrauen in die pflegerische Bezugsperson mittels der Vertrauensskala nach Bova und Mitarbeitern, 2006) erfassen wollen. Einen Fragebogen, den man vielfältig einsetzen kann, legten Wilson und Carroll (1991) vor, mit dem Lehrkräfte, Eltern und Gleichaltrige die Vertrauenswürdigkeit von Kindern einschätzen können.

Die genannten Fragebogen haben gemeinsam, dass sich ihre Aussagen auf eine spezifische Person beziehen. Dieser Person wird in der Regel vorher benannt und in den Fragebogen eingefügt. Eine gutes Beispiel hierfür sind die freigelassenen Stellen im Fragebogen zur Erfassung spezifischen interpersonalen Vertrauens von Johnson-George und Swap (1982), von dem einige Beispielsitems auf Seite 30 f. wiedergegeben sind.

## Imber-Skala zur Einschätzung kindlichen Vertrauens

Mit dieser Skala soll nach Imber (1973, S. 146) situationales Vertrauen erforscht werden; sie besteht aus 40 Fragen, die sich auf vier verschiedene, personenspezifische Vertrauensbereiche mit jeweils zehn Fragen verteilen. So wird das Vertrauen zum Vater, zur Mutter, zu Gleichaltrigen und Lehrkräften bestimmt. Die Skala wurde im Rahmen einer Studie zur Überprüfung des von Erikson (1963) angenommenen Zusammenhangs zwischen Vertrauen und Schulleistung bei 95 Viertklässlern eingesetzt. Man fand in der Tat in fünf Fächern bedeutsame Korrelationen, die allerdings nur bei .22 bis .32 lagen.

Abweichend zu den folgenden Fragebögen, bei denen ganz spezielle Personen beurteilt werden, die durch Einsetzen eines Namens gekennzeichnet sind, hält Imber die Fragen noch sehr allgemein. So lautet etwa eine Frage aus dem Bereich „Vertrauen zu Gleichaltrigen“:

**Beispiel: Vertrauen zu Gleichaltrigen**

„Ein Freund sollte sich mit einem anderen nach der Schule treffen, aber er kam nicht.
1. Er wollte wahrscheinlich überhaupt nicht kommen.
2. Er ist nicht gekommen, weil er nicht konnte.“ (vgl. auch Tab. 2).

## Lehrer-Skala zur Einschätzung kindlichen Vertrauens von Imber

Bei der Skala von Imber (1973) soll das Vertrauen eines einzelnen Schülers durch die Lehrkraft eingeschätzt werden. Auch diese Skala erfasst vier – spezifisch formulierte – Aspekte von Vertrauen:
- *Vertrauenswürdigkeit:* das vermutete Selbstvertrauen und Selbstwertgefühl des Schülers.
- *Vertrauen:* Erwartungen des Schülers mit Versprechen anderer.
- *Sicherheit:* Wie wohl fühlt sich der Schüler in der Klasse.
- *Zuverlässigkeit:* Inwieweit kann man den Schüler mit der Durchführung einer Aufgabe betrauen.

Die Beurteilung durch die Lehrkraft erfolgt auf einer fünfstufigen Einschätzungsskala. Zwischen dieser Skala und der oben angegebenen Imber-Skala besteht ein durchschnittlicher Zusammenhang von .39, wobei die Unterskala „Vertrauen“ aus der Lehrer-Skala nur um .25 mit der Imber-Skala korreliert. Das letztgenannte Ergebnis lässt bei Imber (1973) Zweifel an der Aussagekraft der Lehrer-Skala aufkommen. Vergleichbar mit dem Befund der Imber-Skala ist die Beziehung zwischen der Lehrer-Skala und den Schulnoten. Anders formuliert: Kinder, die von der Lehrkraft als vertrauensvoll, sicher und zuverlässig beurteilt werden, haben auch bessere Schulnoten.

## Skala zur Erfassung spezifischen interpersonellen Vertrauens von Johnson-George und Swap

Johnson-George und Swap (1982) versuchten, bei Erwachsenen verschiedene Aspekte von Vertrauen situationsbezogen zu erfassen. Die Autoren gingen von 50 vertrauensrelevanten Beschreibungen aus, die sie vorab vier Kategorien zuordneten:
- jemanden bezüglich seines materiellen Besitzes trauen,
- Glaube an die Zuverlässigkeit und Verlässlichkeit einer anderen Person,
- jemandem vertrauliche Mitteilungen machen können und
- jemanden bezüglich seiner körperlichen Sicherheit trauen.

Die 50 Fragen wurden jeweils zur Hälfte positiv und negativ verschlüsselt und 15 Beurteilern zur Einschätzung ihrer Bedeutung für vertrauensvolles Verhalten vorgelegt. Die 43 am besten übereinstimmenden Fragen wurde ausgewählt und weiter überprüft, wobei für Männer und Frauen unterschiedliche Formen erstellt wurden.

Eine Faktorenanalyse der 43 Fragen für Männer ergab vier Aspekte:

- *Allgemeines Vertrauen:* eine Sammlung verschiedener interpersoneller Situationen.
- *Emotionales Vertrauen:* Fragen wie „sich jemanden anvertrauen, Schutz vor Kritik und Beschämung sowie anderen emotionsgeladenen Situationen".
- *Zuverlässigkeit:* dies bezieht sich auf den Bereich „Versprechen und Verpflichtungen einhalten".
- *Verlässlichkeit:* Vertrauen auf die Hilfe anderer Personen und Verantwortungsbewusstsein des Partners.

Die Analyse der 43 Fragen für Frauen führte zu drei Faktoren, denen – auch bei gleicher Benennung – andere Fragen zugrunde liegen können:

- *Zuverlässigkeit:* Dieser Faktor entspricht einer Mischung aus den Faktoren „Zuverlässigkeit" und „Verlässlichkeit" des Fragebogens für Männer.
- *Emotionales Vertrauen:* Dieser Aspekt ähnelt dem Fragebogen für Männer, wobei Fragen zur Glaubwürdigkeit und Ehrlichkeit hinzukommen.
- *Physisches Vertrauen:* Bezieht sich auf die eigene körperliche Sicherheit und das Wohlergehen.

Auffallend bei diesem Fragebogen ist zweierlei: *Erstens* tritt bei Frauen offensichtlich nicht der relativ unspezifische Faktor „Allgemeines Vertrauen" auf. Dies führen Johnson-George und Swap darauf zurück, dass Frauen möglicherweise Vertrauen differenzierter einschätzen, während Männer eher auf globale Wahrnehmungen reagieren. *Zweitens* tritt nur bei Frauen der Faktor „Physisches Vertrauen" auf, da vermutlich nur sie ihre physische Abhängigkeit von anderen zugeben dürfen. Diese Analyse konnte weitgehend die Vorannahmen der Autoren bestätigen.

Die endgültige Fragebogenform für Männer ergab die drei Skalen „Allgemeines Vertrauen", „Emotionales Vertrauen" und „Zuverlässigkeit" (Beispiele vgl. Kasten) sowie für Frauen die Skala „Zuverlässigkeit" und „Emotionales Vertrauen" (Beispiele vgl. Kasten). Die Gütekriterien dieses Verfahrens sind befriedigend.

**Beispiele der Skala zur Erfassung spezifischen interpersonellen Vertrauens von Johnson-George und Swap (Form für Männer)[3]:**

*Allgemeines Vertrauen*

- Wenn wir abmachen, uns irgendwo zum Mittagessen zu treffen, dann kann ich sicher sein, dass _____ da ist.
- Ich unternehme mit _____ eine Wanderung in ein mir unbekanntes Gebiet, wenn er/sie versichert, dass er/sie die Gegend kennt.
- Bei _____ kann ich damit rechnen, dass er/sie mir die Wahrheit sagt.

3 Übersetzung durch den Autor

*Emotionales Vertrauen*

- Ich kann offen mit _____ reden und bin mir sicher, dass er/sie mir auch zuhört.
- Wenn _____ denkt, dass ich mit einer bestimmten Situation nicht sehr gut fertig werde, dann kritisiert er/sie mich nicht vor anderen Leuten.
- Wenn ich _____ erzähle, über welche Dinge ich mir Sorgen mache, dann denkt er/sie nicht, dass meine Sorgen lächerlich sind.

*Zuverlässigkeit*

- Wenn _____ sich nicht mit mir treffen kann, wie wir es vorhatten, dann glaube ich seiner/ihrer Entschuldigung, dass etwas Wichtiges dazwischenkam.
- Wenn _____ verspricht, mir einen Gefallen zu tun, dann kann ich mich darauf verlassen.
- Wenn wir beschließen, uns irgendwo zum Mittagessen zu treffen, dann kann ich sicher sein, dass _____ kommt.

**Beispiele der Skala zur Erfassung spezifischen interpersonellen Vertrauens von Johnson-George und Swap (Form für Frauen)[4]:**

*Emotionales Vertrauen*

- Ich kann offen mit _____ reden und bin mir sicher, dass er/sie mir auch zuhört.
- Wenn _____ weiß, was meine Gefühle verletzt, dann kann ich sicher sein, dass er/sie dies nicht gegen mich verwendet, selbst wenn sich unsere Beziehung ändert.
- Ich kann _____ etwas anvertrauen und bin mir sicher, dass er/sie dies nicht mit anderen diskutieren wird.

*Zuverlässigkeit*

- Wenn ich gekränkt oder verletzt wurde, dann kann ich mich bei _____ darauf verlassen, dass er/sie mir beisteht.
- Wenn _____ sich etwas Wertvolles geborgt hat und es beschädigt zurückbringt, dann wird er/sie mir anbieten, die Reparatur zu bezahlen.
- Wenn _____ verspricht, mir einen Gefallen zu tun, dann kann ich mich auch darauf verlassen.
- Wenn _____ mich mit dem Auto irgendwohin mitnehmen will und nicht pünktlich da ist, dann vermute ich, dass es einen wichtigen Grund für die Verspätung gibt.

## Children's Trust in General Physicians Scale

Zur Erfassung des Vertrauens von Kindern in Ärzte liegt seit 2008 ein Verfahren von Rotenberg und Mitarbeitern vor, die Children's Trust in General Physicians Scale.

Rotenberg et al. (2008) haben eine Skala mit 12 Fragen entworfen, mit denen Kinder mitteilen, in welchem Umfang sie bereit sind, einem Arzt zu vertrauen. Die Fragen

4 Übersetzung durch den Autor

werden auf einer fünfstufigen Skala beantwortet. Vor dem Hintergrund eines von Rotenberg et al. (2005) entworfenen Modells mit den Dimensionen „Zuverlässigkeit", „Ehrlichkeit" und „wohlwollendes Verhalten" bilden jeweils vier Fragen eine Dimension ab.

## Vertrauen in den Arzt (VIA) Skala von Glattacker und Mitarbeitern (2007) und deren Anpassung an Jugendliche von Petermann und Kollegen (2008)

Seit 2007 sammelte die Freiburger Arbeitsgruppe von Glattacker, Gülich, Farin und Jäckel mit einem aus dem angloamerikanischen Bereich übertragenen Vertrauensfragebogen (VIA: Vertrauen in den Arzt) Erfahrungen. Mit diesem Bogen wird in der Arzt-Patient-Beziehung geklärt, wie gut es erwachsenen Patienten gelingt, Vertrauen zu ihrem behandelnden Arzt aufzubauen. Die zunehmende Anzahl chronisch kranker Jugendlicher, die in regelmäßigem Kontakt zu Ärzten stehen und deren Angst im Arztkontakt die Kommunikation negativ beeinflusst, zeigt unter anderem die Wichtigkeit von Vertrauen in der Arzt-Jugendlichen-Beziehung. Vor diesem Hintergrund wurde der VIA einer Überprüfung an Jugendlichen unterzogen (Petermann, Stachow, Kiera & Tiedjen, 2008). Diese Modifikation sollte klären, ob eine Anpassung des VIA an Jugendliche gelingt. 182 Jugendliche wurden ihm Rahmen ihrer Reha-Maßnahme mit dem VIA sowohl zwei Wochen nach Anreise als auch zum Abschluss der Maßnahme befragt. Der Fragebogen umfasst elf Fragen und weist angemessene Kennwerte auf (vgl. Tab. 2).

**Tabelle 2:** Skalen zur Erfassung spezifischen Vertrauens

| Name | Skalenmerkmale | Beispielfrage | Ausgewählte Gütekriterien |
|---|---|---|---|
| *Imber Children's Trust Scale (ICTS)* (Imber, 1973) | 40 Fragen mit zwei Antwortmöglichkeiten, verteilt auf vier Subskalen zu je zehn Fragen: Vertrauen zu<br>– „Vater" (V)<br>– „Mutter" (M)<br>– „Peers" (P)<br>– „Lehrkräfte" (L) | „Caroline sagt ihrem Vater, dass sie Cola auf den Wohnzimmerteppich verschüttet hat. Sie verspricht, es wegzumachen, und bittet ihren Vater, nichts davon der Mutter zu sagen.<br>(1) Der Vater sagt ‚okay' und vergisst die Sache.<br>(2) Der Vater sagt zu seiner Tochter ‚okay', erwähnt es aber am Abend gegenüber Carolines Mutter." | (keine Angaben) |

**Tabelle 2** (Fortsetzung)

| Name | Skalenmerkmale | Beispielfrage | Ausgewählte Gütekriterien |
|---|---|---|---|
| *Teacher Trust Rating Scale (TTRS)* (Imber, 1973) | Fünfstufige Skala zur Beurteilung eines Kindes mit vier Komponenten<br>– „Vertrauenswürdigkeit"<br>– „Vertrauen" (in andere)<br>– „Sicherheit"<br>– „Zuverlässigkeit" | Inhalte der Komponenten:<br>– Selbstvertrauen und Selbstwert des Kindes<br>– Vertrauen und Erwartungen des Kindes in Handlungen und Versprechen anderer<br>– Informationen darüber, wie wohl sich das Kind in der Klassensituation fühlt.<br>– Grad bis zu dem man dem Kind zutrauen kann, eine verantwortungsvolle Aufgabe auszuführen | (keine Angaben) |
| *Specific Interpersonal Trust Scale (SITS)* (Johnson-George & Swap, 1982)<br>– für Männer (SITS-M)<br>– für Frauen (SITS-F) | SITS-M:<br>21 Fragen in drei Skalen:<br>– „Allgemeines Vertrauen" (AV; 9 Fragen)<br>– „Emotionales Vertrauen" (EV; 7 Fragen)<br>– „Zuverlässigkeit" (Z; 5 Fragen)<br>SITS-F<br>13 Fragen in zwei Skalen:<br>– „Zuverlässigkeit" (Z; 7 Fragen)<br>– „Emotionales Vertrauen" (EV; 6 Fragen) | SITS-M:<br>– „Ich erwarte, dass … fair ist." (AV)<br>– „Ich kann offen mit … reden und bin mir sicher, dass er/sie mir auch zuhört." (EV)<br>– „Wenn … verspricht, mir einen Gefallen zu tun, dann kann ich mich darauf verlassen." (Z)<br>SITS-F<br>– „Ich würde … fast jeden Geldbetrag leihen, weil er/sie ihn sobald er/sie kann zurückzahlen wird." (Z)<br>– „Bei … kann ich damit rechnen, dass er/sie mir die Wahrheit sagt." (EV) | (N = 180 Männer)<br>(N = 225 Frauen)<br>interne Konsistenz nach Cronbachs Alpha zwischen .71 (SITS-M „Zuverlässigkeit") und .83 (SITS-M „Allgemeines Vertrauen").<br>Die Werte für Skala SITS-F liegen vergleichbar hoch. |
| *Children's Trust in General Physicians Scale* (Rothenberg et al., 2008) | 12 Fragen mit abgestuften Antworten in den Bereichen<br>– „Ehrlichkeit" (4 Fragen)<br>– „Wohlwollendes Verhalten" (4 Fragen)<br>– „Zuverlässigkeit" (4 Fragen) | „Der Arzt sagt, dass Karl nach dem Röntgen nach Hause gehen kann. Wie wahrscheinlich ist es, dass der Arzt ihn nach dem Röntgen wirklich nach Hause gehen lässt?" | Interne Konsistenz nach Cronbachs Alpha: ≥ .70 |

**Tabelle 2** (Fortsetzung)

| Name | Skalenmerkmale | Beispielfrage | Ausgewählte Gütekriterien |
|---|---|---|---|
| *Vertrauen in den Arzt (VIA) Skala angepasst an Jugendliche* (Petermann et al., 2008) | Elf Fragen mit abgestuften Antworten | 1. Mein Arzt nimmt gewöhnlich Rücksicht auf meine Bedürfnisse und stellt sie allem anderen voran.<br>2. Ich vertraue meinem Arzt so sehr, dass ich immer versuche, seine Ratschläge zu befolgen.<br>3. Wenn mir mein Arzt sagt, etwas sei so, dann ist das auch wahr.<br>4. Manchmal misstraue ich der Meinung meines Arztes und würde gerne eine zweite Meinung hören.<br>5. Ich vertraue den Entscheidungen meines Arztes hinsichtlich meiner medizinischen Behandlung. | (N = 70 Männer)<br>(N = 112 Frauen)<br>Interne Konsistenz nach Cronbachs Alpha: .93 |
| *Vertrauensskala* (Bierhoff & Buck, 1984) | Skala mit fünf Fragen | 1. „Können Sie sich vorstellen, dass Sie sich auf die Angaben dieser Person über die Abfahrtszeiten des letzten Busses verlassen, den sie unbedingt erreichen müssen, weil sie andernfalls eine Stunde zu Fuß gehen müssten?"<br>2. „Können Sie sich vorstellen, dass Sie mit dieser Person über Ihre persönlichen Gefühle im sexuellen Bereich reden?" | Reproduzierbarkeitskoeffizient:<br>– Männer (N = 266) = .91<br>– Frauen (N = 263) = .90<br>Skalierbarkeitskoeffizient:<br>– Männer (N = 266) = .71<br>– Frauen (N = 263) = .74 |

## Vertrauensskala von Bierhoff und Buck

Eine eindimensionale Vertrauensskala haben Bierhoff und Buck (1984) entwickelt, wobei die Autoren ursprünglich von elf Fragen ausgingen und diese durch Beurteiler und Analysen auf fünf reduzierten. Alle diese Fragen beginnen mit „Können Sie sich vorstellen, dass Sie dieser Person …" und bilden eine Rangreihe folgender Situationen ab:

1. die Auskunft über die Busfahrzeit glauben,
2. um Benachrichtigung eines Freundes über die Ankunftszeit meines Zuges bitten,
3. zusammen ein Ferienhaus mieten,
4. über persönliche Gefühle reden und
5. über persönliche Gefühle im sexuellen Bereich reden.

Die guten bis befriedigenden Gütekriterien kann man Tabelle 2 entnehmen. Es handelt sich hierbei um Kennwerte zur Beschreibung einer sogenannten Guttman-Skala, deren methodische Voraussetzungen der Fachliteratur zu entnehmen sind (vgl. etwa Schnell, Hill & Esser, 2011). Bierhoff und Buck (1984, S. 23) weisen darauf hin, dass ihre Skala zumindest für gruppendiagnostische Zwecke geeignet ist. Sie geben allerdings zu bedenken, dass hochvertrauensvolle Personen vermutlich nur unzureichend mit ihr eingeschätzt werden können.

### 2.1.3 Kombinierte Erfassung von generalisiertem und spezifischem Vertrauen

Ein Verfahren, das die Erfassung von generalisiertem und spezifischem Vertrauen kombiniert, stammt von Couch und Jones (1997). Neben generellem Vertrauen kann hier das Vertrauen in den Partner und das Vertrauen einer Person in ihr soziales Umfeld erhoben werden. An diesem Ansatz der Autoren knüpft Kassebaum (2004) an. Er entwickelte ein *Inventar zur Erfassung des interpersonellen Vertrauens* (IIV) einer Person in Freunde, den Lebenspartner, die Mitmenschen im Allgemeinen, aber auch in Nachbarn und Psychotherapeuten. Neben Aussagen zum spezifischen Vertrauen ist es gleichsam möglich, mit dem Fragebogen die grundlegende Tendenz einer Person, zu vertrauen oder zu misstrauen, zu erkennen, da auch die Aspekte allgemeines Vertrauen und Leichtgläubigkeit erfasst werden. Anhand umfassender Analysen wurden folgende sechs Faktoren bestimmt:

- Vertrauen in Freunde,
- Partnervertrauen,
- Allgemeines Vertrauen,
- Vertrauen in Nachbarn,
- Vertrauen in Psychotherapeuten und
- Leichtgläubigkeit.

Diese Bereiche (Skalen) weisen eine gute interne Konsistenz auf (vgl. Tab. 3). Der Fragebogen ist aussagekräftig und weist positive Korrelationen zu etablierten Verfahren auf, die soziale Unterstützung und Lebenszufriedenheit messen. Erwartungsgemäß bestehen signifikant negative Zusammenhänge mit Verfahren, die Einsamkeit und zwischenmenschliche Probleme (Konflikte) erfassen. Beim Inventar zur Erfassung von interpersonellem Vertrauen (IIV) handelt es sich um ein sorgfältig entwickeltes, zuverlässiges und aussagekräftiges Verfahren, um das Ausmaß des zwischenmenschlichen Vertrauens zu bestimmen.

**Tabelle 3:** Inventar zur Erfassung von interpersonellem Vertrauen (IIV; Kassebaum, 2004)

| Skala | Interne Konsistenz nach Cronbachs Alpha | Beispielfrage |
|---|---|---|
| Vertrauen in Freunde | .88–.91 | „Mit meinen Freunden kann ich über alles sprechen." |
| Partnervertrauen | .86–.92 | „Mein Partner/Meine Partnerin gibt mir ein Gefühl von Sicherheit." |
| Allgemeines Vertrauen | .82–.89 | „Die meisten Menschen würden eine günstige Gelegenheit nutzen, um sich auf Kosten anderer zu bereichern." |
| Vertrauen in Nachbarn | .76–.82 | „Wenn es um kleine Gefälligkeiten oder Hilfeleistungen geht, kann ich mir der Unterstützung meiner Nachbarn sicher sein." |
| Vertrauen in Psychotherapeuten | .75–.85 | „In schweren Krisen können Psychotherapeuten eine große Hilfe sein." |
| Leichtgläubigkeit | .76–.85 | „Ich glaube, ich bin anderen Menschen gegenüber häufig zu leichtgläubig." |

### 2.1.4 Phänomenanalyse von Vertrauen

Hatten wir es bisher mit standardisierten Fragebogenverfahren zur Erfassung von Vertrauen zu tun, so wollen wir uns jetzt einem halbstandardisierten Erhebungsverfahren in Form eines Gesprächsleitfadens zuwenden. Dieser von Brückerhoff (1982) entwickelte Gesprächsleitfaden versucht anhand offener Fragen, unterschiedliche Aspekte von Vertrauen zu erfassen. Es sollen die persönliche Sichtweise von Vertrauen erfragt und Beziehungen zu den Begriffen „Risikobereitschaft", „Selbstvertrauen", „Vertrauenswürdigkeit", „Offenheit", „Verpflichtung" und „Anspruch" hergestellt werden. Um ein solches Vorgehen zu verwirklichen, verwendet die Autorin unter anderen folgende Fragen:

- „Kannst du dir Situationen vorstellen, in denen man einfach jedem vertraut?"
- „Es gibt ja wohl auch Menschen, die einfach niemandem vertrauen. Kannst du dir vorstellen, warum nicht?"
- „Hat Vertrauen überhaupt etwas mit Denken zu tun? Ist es nicht vielmehr reine Gefühlssache?"
- „Gibt es für dich eine Beziehung zwischen Vertrauen und Selbstvertrauen?"

Bevor diese und ähnliche Fragen bearbeitet werden, soll der Gesprächspartner eine konkret erfahrene Situation beschreiben, in der er jemandem vertraut hat. Die Auswertung der durch den Gesprächsleitfaden erhobenen Information erfolgt anhand der modifizierten Struktur-Lege-Technik (SLT) nach Scheele und Groeben (1984). Dabei werden die in dem Interview aufgetretenen Begriffe nach vorgegebenen Kategorien geordnet und auf sechs verschiedenfarbige Karten übertragen. So wurden etwa die zum Begriff „Vertrauen“ genannten Definitionen auf blauen Karten festgehalten, Personenmerkmale auf gelben, Situationsmerkmale auf braunen usw. Die Beziehung zwischen den Begriffen wurde durch grafische Symbole verdeutlicht. Die Aussage „Dank Vertrauen entsteht ein Gefühl der Ruhe und Verbundenheit“ wird durch einen Pfeil wie in Abbildung 1 dargestellt symbolisiert.

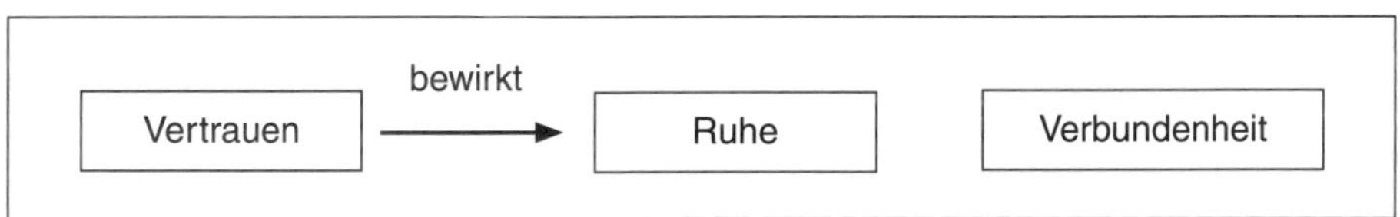


**Abbildung 1:** Grafische Verdeutlichung des Satzes: „Dank Vertrauen entsteht ein Gefühl der Ruhe und Verbundenheit“

Insgesamt stehen 14 Zeichen zur Verfügung, um Beziehungen zu bezeichnen. Ebenso wie die grafischen Zeichen bildet auch die räumliche Anordnung der Karten die „logische Struktur“ der Elemente ab. Liegen Karten nebeneinander, dann handelt es sich um „Und-Verbindungen“, und liegen sie untereinander, dann um „Oder-Verbindungen“ (mit Gleichheitszeichen) bzw. um „Aber-auch-Verbindungen“ (mit Pfeil); die Beispiele in Abbildung 2 erläutern dies nochmals:

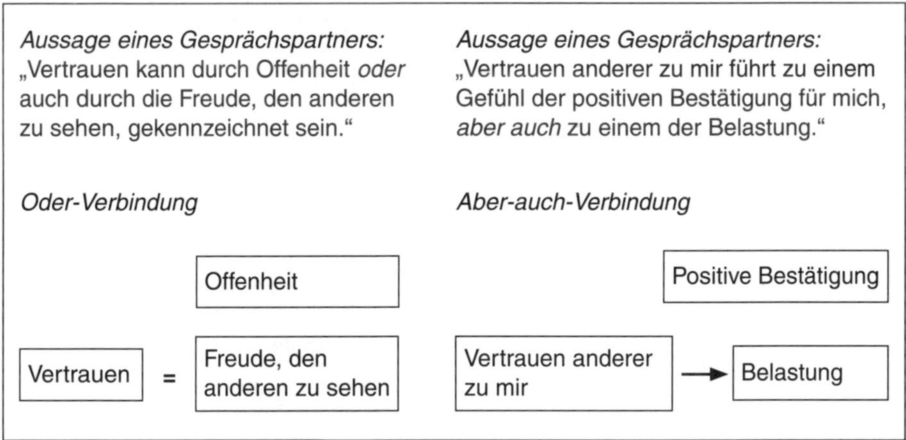


**Abbildung 2:** Beispiele für eine Oder- und Aber-auch-Verbindung

Die mithilfe dieses Vorgehens erzielten Befunde werden nach einem Monat nochmals überprüft und gegebenenfalls von dem Gesprächspartner korrigiert. Für Variationen der Legetechnik sei auf Dann (1992) verwiesen.

Die von Brückerhoff (1982) empfohlene Arbeitsweise unterscheidet sich völlig von den Fragebogenverfahren, die *allgemeinen Aussagen* über viele Personen ergründen wollen. Das eben beschriebene Vorgehen dient der Phänomenanalyse bezogen auf den Einzelfall. Dieses Vorgehen basiert auf der „Theorie der personalen Konstrukte" von Kelly (1970 a; b), bei der unterstellt wird, dass Personen ihre individuellen und subjektiven Realitäten herstellen und diese sprachlich erfasst werden können. Solche einzelfallbezogenen Ansätze können sicherlich gut zur Findung von Hypothesen, aber nur begrenzt zu deren Überprüfung herangezogen werden; zumindest ist die praktische Anwendung des Verfahrens sehr aufwendig, weshalb wir nicht weiter darauf eingehen. In der Vertrauensforschung wurde leider dieser interessante Ansatz, der auf der Struktur-Lege-Technik basiert, in den letzten Jahren nicht mehr aufgegriffen.

Gennerich (2000) entwickelte einen Gesprächsleitfaden mit neun Fragen, um vertrauensrelevante Aspekte des Verhaltens eines Pfarrers oder einer Pfarrerin zu ermitteln. Mit einem solchen Leitfaden kann man das Vorgehen bei der Durchführung eines Interviews strukturieren. Die Ergebnisse der Interviews verwendete Gennerich für die Entwicklung des systematischen Fragebogens zum Vertrauen in den Pfarrer.

Neben dem Gespächsleitfaden „Vertrauen" von Brückerhoff sind noch weitere Gesprächsleitfäden zur Erhebung von Vertrauen entwickelt worden, u. a. von Kühlmann

**Tabelle 4:** Halbstandardisierte Interviewverfahren

| Name | Skalenmerkmale | Beispielfrage | Ausgewählte Gütekriterien |
|---|---|---|---|
| *Gesprächsleitfaden „Vertrauen"* (Brückerhoff, 1982) | Halbstandardisierte Interviewtechnik:<br>– Überwiegend offene Fragen<br>– Hypothesengeleitete Fragen<br>– Konfrontations-/Akzentuierungsfragen | Generelle Vorstellung über das Konzept Vertrauen:<br>– „Ist dies eine typische Vertrauenssituation für dich/Wie erlebst du es sonst?"<br>Konkretere Beschreibung des Konzeptes Vertrauen:<br>– „Wie manifestiert sich Vertrauen für dich?"<br>Situativer Kontext von Vertrauen:<br>– „In welcher Situation hast du Vertrauen zu jemand erlebt?" | (entfällt) |

und Schuhmann (2002), Yoshino (2002), Schweer (1996) und Bissels (2002), auf die hier nicht näher eingegangen werden soll, da die grundlegenden Merkmale solcher Verfahren anhand des Vorgehens von Brückerhoff exemplarisch illustriert wurden (vgl. Tab. 4).

## 2.2 Erfassung von Vertrauen durch das Gefangenen-Dilemma-Spiel

Das Gefangenen-Dilemma-Spiel stellt eine experimentelle Anordnung dar, mit deren Hilfe die Bedingungen, unter denen Vertrauen gezeigt wird, aufgedeckt werden sollen. An einem solchen Spiel nehmen zwei Personen teil, die in getrennten Kabinen sitzen und in der Regel mit ihrem Mitspieler nicht kommunizieren können. Die Spieler sollen sich in die Rolle „eines Gefangenen" in Einzelhaft eindenken, der über Tastendruck mitteilt, wie er sich seinem Mitspieler gegenüber verhält. Er gibt damit Entscheidungen bekannt, die auf den Mitspieler Auswirkungen haben. Die Reaktion des Mitspielers wird ihm über eine Signallampe bekanntgegeben. Man kann zwischen Spielen unterscheiden, in denen nur eine Entscheidung (ein Spielzug) erfolgt, und solchen, in denen die Spieler wieder auf die Folgen der Entscheidung reagieren müssen; im letzten Fall handelt es sich um Spiele mit mehreren, bis zu einigen hundert Zügen. Ein Spieler kann zwischen zwei Entscheidungen wählen. Wettbewerb zu oder Kooperation mit dem Partner. Kooperatives Verhalten wird ein Spieler in einer so unklaren Situation nur zeigen, wenn er annimmt, dass sein Partner ihn nicht „reinlegen" will, das heißt, wenn dieser ebenfalls kooperiert. Eine solche Annahme setzt eine hohe Vertrauensbereitschaft voraus. Beim Gefangenen-Dilemma-Spiel wird unterstellt, dass das Ausmaß der gezeigten Kooperation ein Maß für Vertrauen bildet. Anders formuliert: Man setzt ein kooperatives Verhalten mit einer hohen Ausprägung von Vertrauen gleich; wird wenig oder gar nicht kooperiert, liegt mangelndes Vertrauen vor.

Es soll zunächst das Gefangenen-Dilemma-Spiel näher erläutert und anschließend auf die Probleme mit den zugrunde liegenden Annahmen eingegangen werden.

### *2.2.1 Grundzüge und Grundannahmen*

Das Gefangenen-Dilemma-Spiel kommt aus der Entscheidungsforschung und basiert auf der mathematischen Spieltheorie (Axelrod & Goold, 2000). Mit Hilfe dieses Spiels sollen Entscheidungen in Zweierbeziehungen *experimentell* untersucht werden. Man nennt diese experimentellen Spiele auch „Nicht-Null-Summen-Spiele". Dies bedeutet, dass es mindestens einen Zug gibt, bei dem beide Spieler einen Gewinn bzw. das gleiche Ergebnis (z. B. gleichen Verlust) haben. Dagegen bestehen *Null-Summen-Spiele* nur aus Zugmöglichkeiten, bei denen es immer einen Gewinner und einen

Verlierer gibt, wobei der Verlust des einen und der gleichzeitige Gewinn des anderen Spielers bei einem Zug sich zu „Null“ addieren. Ein Gefangenen-Dilemma-Spiel manövriert die beiden Spieler in Konfliktsituationen, wie sie in den nachfolgenden Ausführungen beschrieben sind.

Der Versuchsleiter erzählt eine Geschichte von zwei tatverdächtigen Personen, die sich in Einzelhaft befinden. Man verdächtigt sie eines gemeinsamen größeren Vergehens. Da keine Beweise vorliegen, kann der Staatsanwalt keinen überführen. In dieser Lage verhandelt der Staatsanwalt einzeln mit den beiden Gefangenen und verdeutlicht ihnen ihre Entscheidungsmöglichkeiten; sie bestehen darin, die Schuld einzugestehen oder zu leugnen. Beide Entscheidungen haben Auswirkungen auf den anderen Gefangenen. Folgende Konstellationen können entstehen:

- *Keiner der Gefangenen gesteht* und beide werden zu einer relativ niedrigen Strafe verurteilt, da ihnen auf diese Weise nur ein Teildelikt (z. B. unerlaubter Waffenbesitz oder Landstreicherei) nachgewiesen werden kann.
- *Beide Gefangenen gestehen* und werden aufgrund ihres Geständnisses mit einer relativ hohen Strafe bedacht.
- *Ein Gefangener gesteht und der andere leugnet,* was bewirkt, dass der Geständige als Kronzeuge (Zeuge der Anklage) straffrei ausgeht und es dadurch dem Staatsanwalt gelingt, den Nichtgeständigen zu überführen. Der Nichtgeständige erhält dann allerdings die Höchststrafe.

Jeder der Gefangenen befindet sich demnach in dem Dilemma zwischen Gestehen und Leugnen, wobei das dadurch erzielte Ergebnis immer mit vom Verhalten seines Kumpanen abhängt.

Die Problemlage lässt sich anhand einer sogenannten Auszahlungsmatrix erläutern, in die die jeweiligen Folgen einer Handlung eingetragen werden. Eine solche Matrix besteht aus vier Zellen, die durch die Alternativen der Entscheidung (Gestehen/Leugnen) gebildet werden. In den Zellen steht die Folge der Entscheidung, das heißt die Länge der jeweiligen Haftdauer oder der Freispruch, für beide Spieler. Insgesamt sind die in Abbildung 3 dargestellten vier Entscheidungskombinationen denkbar.

| | | *Entscheidungen des Gefangenen B:* | |
|---|---|---|---|
| | | Tat leugnen | Tat gestehen |
| *Entscheidungen des Gefangenen A:* | Tat leugnen | Für beide, A und B, 6 Monate | Für A 5 Jahre<br>Für B Freispruch |
| | Tat gestehen | Für A Freispruch<br>Für B 5 Jahre | Für beide, A und B, 2 Jahre |

**Abbildung 3:** Auszahlungsmatrix beim Gefangenen-Dilemma-Spiel

Erinnern wir uns an die älteste Definition von Vertrauen, die dem Gefangenen-Dilemma-Spiel zugrunde liegt: Deutsch (1958) behauptete, dass Vertrauen nicht durch allgemeine Einstellungen oder stabile Persönlichkeitsmerkmale, sondern durch die *aktuelle Situation* bestimmt werde. Vertrauen liegt dann vor, wenn sich eine Person einer Situation gegenüber sieht, bei der sie eine Wahl treffen muss, dem Verhalten einer anderen Person zu trauen oder zu misstrauen. Dabei ist entscheidend, dass zwei Parteien vorhanden sind, die in einem gewissen Grad voneinander abhängen (= das Ergebnis der *gemeinsamen Wahlentscheidung*). Jeder von beiden trifft eine Entscheidung darüber, ob er dem Partner traut oder nicht. Für beide Beteiligten besteht die Gefahr, vom anderen enttäuscht oder betrogen zu werden. Kurz gesagt: Vertrauen ist nach Deutsch (1958) gleichbedeutend mit einer risikohaften Wahlentscheidung, bei der mein Ergebnis auch von der Entscheidung meines Gegenübers abhängt und dieser die Möglichkeit besitzt, mich hereinzulegen. Vertrauen wäre damit durch die *Wahl eines kooperativen Zuges* definiert. Diese Auffassung von Vertrauen lässt sich direkt auf das Gefangenen-Dilemma-Spiel übertragen. Ein gutes Beispiel hierfür bilden die historischen Untersuchungen von Brickman et al. (1979), die in Kapitel 4.4.4 referiert werden.

Studien, die der Vertrauensdefinition von Deutsch (1962) folgen, gehen im Gefangenen-Dilemma-Spiel von 80 bis 100 Spielzügen aus und versuchen, den Erwerb von Vertrauen zu analysieren. In der Regel tritt zwischen dem 30. und 60. Zug ein Wechsel von Wettbewerb zu Kooperation ein.

Versteht man unter Vertrauen das „Sich-Verlassen auf Informationen“, wie dies Schlenker et al. (1973) vorschlugen, dann werden im Gefangenen-Dilemma-Spiel verbale oder schriftliche Mitteilungen über die beabsichtigte Wahl für den nächsten Zug gemacht. Dabei spielt in der Regel ein echter Spieler gegen einen Verbündeten des Versuchsleiters oder gegen ein festgelegtes Computerprogramm. Ein historisches Auswertungsbeispiel stammt von Lindskold und Collins (1978), die die Bedingungen für Vertrauen in der Kommunikation untersuchten. Bei der vertrauenswürdigen Kommunikation werden alle für den nächsten Zug angekündigten Wahlen auch eingehalten und in der nicht vertrauenswürdigen des Öfteren „gelogen“, also die angekündigte beabsichtigte Wahl doch nicht getroffen.

Sieht man nun – wie Rotter und Wrightsman – Vertrauen als generalisierte Einstellung an, dann spiegelt sich auch dies in der Anordnung des Gefangenen-Dilemma-Spiels wider. So benutzte Wrightsman (1966) ein Gefangenen-Dilemma-Spiel mit *zwei Zügen*, da er davon ausgeht, dass alle weiteren Züge nur dazu beitragen, dass sich spezifische Einstellungen gegenüber dem Mitspieler herausbilden und genau diese für die Vertrauensdefinition bedeutungslos sein sollen. Anhand der beiden Züge sollten folgende Aspekte erfasst werden: Über den ersten Zuge wurde das Ausmaß an Vertrauen zum Mitspieler bestimmt, über den zweiten Zug die Vertrauenswürdigkeit. Ein Mangel an Vertrauenswürdigkeit liegt bei einem Spieler vor, wenn der Spielpartner sich im ersten Zug kooperativ und jener dennoch im zweiten Zug wettbewerbsorientiert verhält, er also seinem Mitspieler gegenüber misstrauisch bleibt.

Mit dem Gefangenen-Dilemma-Spiel erzielt man Zusammenhänge zwischen Vertrauen als generalisierter Einstellung (Rotter, Wrightsman) und der Rate kooperativer Züge. Die Befunde sprechen in diesem Punkt eher gegen einen Zusammenhang. Bei diesen Ergebnissen ist jedoch zu beachten, dass die Spiellänge in der Regel nicht mehr als 30 Züge betrug. Allerdings ist dies nach Pruitt und Kimmel (1977) der Zeitraum, in dem Wettbewerbsverhalten vorherrscht. Ob in dem Intervall zwischen dem 60. und 100. Zug, in dem es zu einer verstärkten Kooperationsrate kommt, generalisierte Einstellungen und vertrauensvolles Verhalten besser übereinstimmen, bleibt damit ungeklärt.

### 2.2.2 Bedingungen kooperativen Verhaltens

Kooperatives Verhalten ist nur möglich, wenn Informationen ausgetauscht werden. Ein Informationsaustausch kommt aber nur zustande, wenn Vertrauen in die Kooperationsbereitschaft der Partner besteht. Diese Annahme erscheint insofern gerechtfertigt, als die Informationsweitergabe das Risiko beinhaltet, sich dem Partner ein Stück auszuliefern – ihm auf jeden Fall einen Vorteil zuzuspielen.

Grundsätzlich hängt kooperatives Verhalten von zwei Bedingungen ab, die zusammen auftreten müssen. Einmal muss sich bei den Beteiligten ein Ziel darüber herausbilden, *warum eine wechselseitige Kooperation wünschenswert ist.* Voraussetzung dafür, dass eine solcher Wunsch oder eine solche Zielvorstellung überhaupt auftritt, ist nach Pruitt und Kimmel (1977):

- das Gefühl, von der anderen Partei persönlich abhängig zu sein, da man auf deren Wohlwollen und Hilfe angewiesen ist;
- die Vermutung, dass man nur dann eine Kooperation erwarten kann, wenn man auch selbst bereit ist zu kooperieren;
- die Aussicht, den anderen – aufgrund der bisherigen Erfahrungen – nicht ausbeuten zu können.

Eine Zielsetzung allein reicht jedoch noch nicht für eine wechselseitige Kooperation aus, da *außerdem* die *Erwartung* vorhanden sein muss, *dass auch der Partner in Zukunft kooperiert.*

Pruitt und Kimmel (1977) stellen eine Reihe von empirisch gefundenen Faktoren zusammen, durch die sich Ziele und Erwartungen herausbilden. Die beiden folgenden Kästen geben darüber Aufschluss.

Die empirisch mit dem Gefangenen-Dilemma-Spiel gefundenen Ergebnisse belegen, dass Modelllernen, Verstärkung, die Dauer der Interaktion und Formen der wechselseitigen Abhängigkeit kooperatives Verhalten begründen und damit auch langfristig Vertrauen aufbauen. Auf diesem Hintergrund erscheint die Hoffnung gerechtfertigt, Vertrauen auch in speziellen Situationen experimentell bestimmen zu können. In diesem Sinne zeigten etwa Fry und Preston (1980) und Harbaugh und Kollegen (2003) bei Kindern, dass ein im Gefangenen-Dilemma-Spiel herbeigeführter Belohnungs-

**Bildung des Zieles wechselseitiger Kooperation (vgl. Pruitt & Kimmel, 1977):**

Es gibt u. a. zehn wichtige Bedingungen, die zum Wunsch nach wechselseitiger Kooperation führen:

1. Längere Abwesenheit von Kooperation.
2. Ausreichend Zeit oder Grund, über eine nichtvorhandene Kooperation nachzudenken.
3. Die Höhe des ausgezahlten Gewinns im Gefangenen-Dilemma-Spiel spiegelt sich im Ausmaß wechselseitiger Kooperation wider.
4. Eine Spielentscheidung ist solange veränderbar, wie ein Spieler mit dem Ergebnis unzufrieden ist.
5. Die Erkenntnis, dass nur wechselseitige Kooperation zu fairen und gerechten Ergebnissen führt.
6. Ein Partner verfolgt die Strategie „Wie-du-mir, so-ich-dir."
7. Die Spieler kommunizieren miteinander.
8. Ein Spieler glaubt sich dem Partner unterlegen.
9. Man geht von einer langandauernden Interaktion mit seinem Partner aus.
10. Die eigenen Ziele und Hoffnungen (z. B. auf Gewinn) sind so hoch, dass man sie vermutlich nur verwirklichen kann, wenn der Partner kooperiert.

**Bildung der Erwartung zukünftiger Kooperation (vgl. Pruitt & Kimmel, 1977):**

Auch hier lassen sich mindestens sechs Faktoren benennen, die die Erwartung zukünftiger Kooperation fördern:

1. Der Partner hat gerade mit mir oder jemand anderem kooperiert.
2. Der Partner ist durchgängig kooperativ.
3. Man hat den Wunsch nach Kooperation geäußert oder selbst Kooperation zugesichert bekommen.
4. Der Spieler ist sich sicher, dass Belohnungen oder Instruktionen für den Partner die Kooperation begünstigen.
5. Der Spieler erlebt seinen Partner als von ihm abhängig.
6. Der Partner wird als ähnlich zu einem selbst oder als Freund betrachtet. Dies ist jedoch nur unter der Voraussetzung wirksam, wenn man selbst das Ziel wechselseitiger Kooperation verfolgt.

aufschub ein gutes Maß an Vertrauen bildet, da ein solches Vorgehen das reale Risiko beinhaltet, später leer auszugehen und somit ausgenutzt zu werden.

### 2.2.3 Kritik am Gefangenen-Dilemma-Spiel

Von vielen Autoren wurde die künstliche Situation des Gefangenen-Dilemma-Spiels bemängelt (u. a. Bierhoff, 2002; Levitt & List, 2007). Einige wichtige Kritikpunkte sind:

- In der Regel liegen im Alltag nicht so streng begründbare Entscheidungen vor, wie sie im Gefangenen-Dilemma-Spiel ablaufen. Alltagsentscheidungen orientieren sich vermutlich an weniger klar erkennbaren Kriterien als denen, die dem Gefangenen-Dilemma-Spiel zugrunde gelegt werden. Zudem gelten im Alltag andere Normen als bei experimentellen Spielen, so etwa im Hinblick auf die Folgen einer Handlung.
- Es wird grundsätzlich daran gezweifelt, dass die Befunde auf Alltagsentscheidungen übertragbar sind. In experimentellen Spielen werden unrealistische und/oder triviale Belohnungen gegeben, die zu mangelnder Motivation der Versuchsperson führen. Daher werden die experimentellen Situationen von ihnen häufig als bedeutungslos wahrgenommen.
- Eine Reihe von unrealistischen Einschränkungen in vielen Gefangenen-Dilemma-Spielen wie beispielsweise das Vorliegen von nur zwei alternativen Entscheidungsmöglichkeiten führt ebenfalls dazu, dass die Versuchspersonen einen abstrakten Konflikt lösen, von dem sie unberührt bleiben.
- Eine einzelne Entscheidung ist in eine Folge von Wahlhandlungen eingebettet und die Entscheidungssequenz beeinflusst sich wechselseitig. Jede Wahl beinhaltet auch eine Botschaft an den Partner; sie kann ein Kooperationsangebot darstellen, sie kann sich aber auch als Vergeltungsmaßnahme aus Enttäuschung, Verärgerung, Rache oder Misstrauen ausdrücken. Diese Mehrdeutigkeit macht eine Interpretation, zum Beispiel im Sinne eines vertrauensvollen Verhaltens, schwer möglich.

Die referierten Einwände lassen Zweifel darüber aufkommen, ob das Gefangenen-Dilemma-Spiel eine geeignete Methode ist, Vertrauen zu erfassen. Man erhält zwar nachvollziehbare und präzise Operationalisierungen, doch spiegeln diese selten im Alltag vorfindbare Prozesse zwischenmenschlicher Vertrauensbildung wider. Da wir in unserer eigenen Arbeit den Anwendungsaspekt in den Vordergrund stellen, scheidet für uns das Gefangenen-Dilemma-Spiel als Weg zur Erfassung von Vertrauen aus. In Kapitel 4 werden jedoch eine Vielzahl von Untersuchungen vorgestellt, die „Vertrauen“ anhand des Gefangenen-Dilemma-Spiels präzisieren.

### 2.2.4 Das Vertrauensspiel („Trust Game“)

Eine weitere Variante experimenteller Spiele ist das sogenannte *Trust Game*. Dieses geht auf Berg, Dickhaut und McCabe zurück (1995) und stellt mittlerweile neben dem Gefangenen-Dilemma-Spiel die Standardmethode bei der Erhebung von Vertrauen im experimentellen Rahmen dar. Vor allem in der neurowissenschaftlichen Vertrauensforschung findet das Trust Game oft Anwendung, wie Kapitel 3 über die biologischen Grundlagen des Vertrauens zeigen wird. Dabei spielt eine Person mit einer fiktiven oder realen weiteren Person. Beiden Spielern wird ein bestimmter finanzieller Betrag (oder Punkte) ausgehändigt und anschließend überweist der erste Spieler dem Interaktionspartner einen Betrag seiner Wahl an. Dieser Betrag wird vom Versuchsleiter vervielfacht und dem ersten Spieler gegeben, der eine bestimmte Summe an den ersten Spieler zurücküberweist. Dies kann über mehrere Runden erfolgen. Die Vertrauensbereitschaft wird aus den Handlungen des ersten Spielers abgeleitet und die Vertrauenswürdigkeit ergibt sich aus dem Verhalten des zweiten Spielers (Brühlhart & Usunier, 2010).

## 2.3 Erfassung von Indikatoren für vertrauensvolles Handeln

Jeder von uns besitzt Kriterien darüber, wann er jemandem vertrauen kann oder nicht. Einige werden Personen, denen sie gerade vorgestellt wurden, sympathisch und vertrauenswürdig finden, weil sie angenehme Erinnerungen an besonders wichtige, positiv erlebte Bezugspersonen wachrufen. Andere fühlen sich durch Offenheit, Verständnis oder humorvolles Verhalten so angenehm berührt, dass sie sofort Vertrauen fassen. Wieder andere brauchen lange, bis sie anfängliches Misstrauen gegenüber einem neuen Bekannten abbauen. Im Einzelfall ist es schwer zu rekonstruieren, welche Verhaltensweise Vertrauen oder Misstrauen hervorruft. Aufgrund dieses Tatbestandes hat sich Brückerhoff (1982) subjektiven Fall- und Phänomenbeschreibungen zugewandt, um mit ihrer Hilfe Indikatoren für vertrauensvolles Verhalten zu gewinnen (vgl. Kapitel 2.1.4).

Unsere Bemühungen zielten darauf ab, bestimmte, objektiv feststellbare Verhaltensweisen innerhalb einer Interaktionssequenz zu identifizieren, die die Häufigkeit des Auftretens von vertrauensvollem Verhalten systematisch beeinflussen. Unter „Verhaltensweisen" soll verbales und nonverbales, auf den Partner ausgerichtetes Handeln verstanden werden. Wir gingen davon aus, dass es unterschiedliche Hinweise auf Vertrauen gibt, und zwar solche, die vertrauensvolles Verhalten in vielfältigen beobachtbaren Erscheinungsformen anzeigen, und solche, die Hinweise auf vertrauensauslösendes Verhalten geben. Die letztgenannten Indikatoren wären somit Prozessmerkmale, die den Aufbau von Vertrauen verdeutlichen – über sie wird in Kapitel 6 berichtet. An dieser Stelle wenden wir uns den erkennbaren Erscheinungsformen von Vertrauen zu und erläutern dazu zwei Beobachtungsbögen.

### *2.3.1 Hinweise auf vertrauensvolles Handeln*

Häufig wird vertrauensvolles Handeln durch das Gefangenen-Dilemma-Spiel erfasst, wobei dieses Vorgehen schon kritisch in Kapitel 2.2 erörtert wurde. Nicht besprochen haben wir eine Anzahl intuitiver Hinweise auf Vertrauen. Hierzu gehört die Fallübung von Schutz (1967), bei der man sich „unbekümmert" rückwärts in die Hände seines Partners fallenlassen soll. Ebenso intuitiv erscheint das Vertrauensmaß von Pauly (1979), wonach Kinder sich mit geschlossenen Augen von einer anderen Person durch eine Anordnung von Stühlen führen lassen müssen. Diese Hinweise auf vertrauensvolles Verhalten sind aber nicht eindeutig. Sie könnten für viele Verhaltensweisen stehen und brauchen nicht als Ausdruck einer optimistischen vertrauensvollen Handlung interpretiert zu werden; ebenso können sie eine passive, resignative Haltung verkörpern, bei der die Person alles mit sich „machen" lässt, da sie willensschwach und unsicher ist.

Aufgrund des berichteten unbefriedigenden Diskussionsstandes wollen wir an die in der Einleitung erwähnte Klassifikation von Krumboltz und Potter (1980) anknüpfen, da deren Merkmale schon weitgehend konkrete Hinweise auf vertrauensvolles Handeln enthalten. Allerdings scheiden solche Merkmale aus, die nicht unmittelbar an einer Interaktionsabfolge festgemacht werden können. Wir beschäftigen uns nicht mit so globalen Konzepten wie dem Vertrauensklima einer Gruppe, dem manche Autoren, etwa Gibb (1972), große Bedeutung einräumen. Auch Merkmale wie „wechselseitiges Verstärken" und „spontane, unaufgeforderte Beteiligung" übergehen wir, sind doch mit diesen Hinweisen Zweierbeziehungen nicht eindeutig oder nur sehr aufwendig zu beschreiben. Den verbleibenden Merkmalen der Klassifikation kommt folgender Aussagewert zu:

- *Selbstexplorative Äußerungen* sind Ausdruck von Vertrauen, da sie im Sinne von Deutsch (1958; 1962) die eigene Verwundbarkeit steigern. Ein solcher Schluss liegt nahe, wenn man bedenkt, dass ein Sich-Öffnen die Gefahr beinhaltet, dass der andere die erhaltene Information missbraucht. Ein Missbrauch besteht schon darin, wenn diese Informationen weitergegeben werden und damit in einer Situation der Schwäche egoistische Interessen von einem Anderen durchgesetzt werden können.
- *Hier-und-jetzt-Äußerungen* über die aktuelle Situation enthalten einen Aspekt der Ungewissheit. Personen, die über aktuelle Ereignisse sprechen, bringen Vertrauen auf, da bei solchen Inhalten die Reaktionen des Anderen nicht vorhersehbar sind. Sie unterscheiden sich hierin von dem wohlerprobten Sprechen über Vergangenes, Bekanntes oder Nebensächliches.
- *Bitte um Hilfe* kann als Hinweis auf vertrauensvolles Verhalten angesehen werden, da man sich auf das Wohlwollen des Partners verlässt. Oft ist schon die Formulierung einer Bitte mit dem Eingeständnis eigener Schwäche und Verwundbarkeit verbunden – einem weiteren Hinweis auf Vertrauen, der von Deutsch (1958; 1962) diskutiert wurde. Durch das Um-Hilfe-Bitten wird außerdem die Kontrolle über das eigene Verhalten in die Hände des Partners gegeben, indem der Bittsteller nicht die Auswirkungen der Handlung und damit die Verstärker bestimmen kann. Genau dieser Zustand wurde experimentell in vielen Studien zum Gefangenen-Dilemma-Spiel als Definition von Vertrauen benutzt (vgl. Kapitel 3.5).
- *Bitte um Feedback* entspricht formal der Kategorie „Bitte um Hilfe". Inhaltlich fällt jedoch die Einschränkung auf eine positive Reaktion weg. Hierbei begibt man sich freiwillig in eine noch verwundbarere Position, zumal Misserfolge nicht verhindert werden können. Auch in diesem Fall liegt keine Kontrolle über die Verstärker vor (= Kontrollverzicht). Gemeinsam ist allen vier genannten Kategorien *Ungewissheit* und *Risiko,* wobei der vertrauensvolle Partner Gefahr läuft, *ausgenutzt, abgelehnt, enttäuscht* oder *bestraft* zu werden.

## 2.4 Verhaltensbeobachtung in der Praxis

Ein Vorteil von Verhaltensbeobachtungen besteht darin, dass sie sich möglicherweise – unterstützt durch Videoaufzeichnungen – wiederholt durchführen lassen, wodurch Interaktionssequenzen im Detail betrachtet werden können. Die im Folgenden zu berichtenden Studien werden kleinste Sequenzen – und diese in großer Zahl – untersuchen (bis zu 120 Messwiederholungen). In diesem Sinne sind Verhaltenskategoriensysteme sogar ideale Verfahren zur Veränderungs- und Einzelfallanalyse (vgl. Petermann, 1996).

### *2.4.1 Kind-Erwachsenen-Interaktionsbogen*

Das erste zu beschreibende Verfahren erhebt den Anspruch, aus einer überschaubaren Anzahl von Verhaltensweisen Hinweise auf Vertrauen zu gewinnen. Bei der Entwicklung des Verfahrens wurden nur Situationen der *Kontaktaufnahme* berücksichtigt. Blickpunkt ist die alltägliche Interaktion, genauer, die Kontaktanbahnung zwischen Erwachsenen und Kindern. Das Beobachtungsverfahren besteht aus 22 Kategorien, wobei sich vier an den im letzten Abschnitt dargestellten Merkmalen von Krumboltz und Potter (1980) orientieren. Es handelt sich um folgende Aspekte:

- *Kategorie 6: Selbstexplorative Äußerungen.* Hierunter fallen Äußerungen, die dem Interaktionspartner Aufschluss über die eigene Person geben, also solche über Befindlichkeiten oder Eigenschaften und verbale Gefühlsäußerungen.
- *Kategorie 9: Bitte um Feedback.* Im Einzelnen sind damit gemeint: Aufforderung zur Stellungnahme oder die gezielte Bitte um Rückmeldung bezüglich eigener Ansichten, Leistungen und Verhaltensweisen.
- *Kategorie 11: Bitte um Hilfe bei einem Problem.* Diese Kategorie bezieht sich auf direkte Fragen oder Aufforderungen an den Interaktionspartner, bei einem Problem zu helfen. Es wird damit sowohl auf die eigene Hilfsbedürftigkeit hingewiesen als auch ein Hilfeappell ausgesprochen.
- *Kategorie 15: Äußerungen über die aktuelle Situation.* Hierunter fallen Hier-und-jetzt-Äußerungen, das heißt über gegenwärtige Zustände und Bewertungen der Situation, der Beziehung und des Interaktionspartners. Um die Bedeutung und den Einfluss von sozialen Verstärkern (= Zuwendung) im Interaktionsprozess zu erfassen, wurden durch je zwei weitere Kategorien verbale und nonverbale Indikatoren berücksichtigt. Dabei kamen gemäß der Rotterschen Sichtweise generalisierte Verstärker zur Anwendung. Als *belohnend* werden Verhaltensweisen definiert, die Zustimmung oder Lob ausdrücken, also Bemerkungen wie „gut“, „prima“, „schön“, „richtig“ usw.
- *Kategorie* 7 kennzeichnet solche verbalen Hervorhebungen von positiven Eigenschaften und Verhaltensweisen des Interaktionspartners.
- *Kategorie 18* umfasst alle Formen des nonverbalen Ausdrucks von Zuneigung, Zuwendung und anderer positiver Gefühle. *Bestrafend* wirken solche Reaktionen, die

negative Rückmeldungen über Verhalten, Eigenschaften und Leistungen des Interaktionspartners enthalten. Solche Einschätzungen werden anhand von Kategorie 8 und 17 vorgenommen.

- *Kategorie 8* bezieht sich auf *verbale* Äußerungen der Ablehnung und des Missfallens („Dies ist falsch", „... schlecht"); hierunter fallen auch ausgesprochene Drohungen.
- *Kategorie 17* kennzeichnet *nonverbales* Verhalten, das als Wut, Ablehnung, Ärger und Ekel zum Vorschein gelangt.

Neben diesen Kategorien vertrauensvollen Verhaltens erfasst der Beobachtungsbogen einige Aspekte, die sich auf sonstige ablaufende Tätigkeiten beziehen. Dies wären Verhaltensweisen wie Tätigkeiten ausführen, abbrechen oder unterlassen (Kategorie 1 und 2), auf Tätigkeiten bezogene Äußerungen (Kategorie 3), Anweisungen geben (Kategorie 5) sowie Fragen nach Anweisung (Kategorie 10). Ergänzt wird der Beobachtungsbogen durch allgemeine Kategorien wie still sein (Kategorie 20 und 21) und Informationsaustausch (Kategorie 13 und 14), die sich relativ unabhängig vom sozialen Umfeld auf häufig vorkommende Interaktionsfolgen beziehen. Die *Kategorie* 22 dient als Restkategorie, mit deren Hilfe schwer einordenbare Verhaltensweisen protokolliert werden können. Zur Verhaltensregistrierung werden die Interaktionsfolgen fortlaufend durch ein Kodiersystem festgehalten.

Im folgenden Kasten wird das vollständige Kategoriensystem aufgelistet und im Anschluss daran eine detaillierte Beschreibung der Kategorien gegeben.

**Kind-Erwachsenen-Interaktionsbogen:**

*I. Tätigkeiten*

1. Eine Tätigkeit ausführen
2. Eine Tätigkeit abbrechen oder unterlassen

*II. Verbales Verhalten*

3. Auf Tätigkeiten bezogene Äußerungen
4. Äußerungen mit Anekdotencharakter
5. Anweisung geben
6. Selbstexplorative Äußerungen
7. Geben von positivem Feedback
8. Geben von negativem Feedback
9. Bitte um Feedback
10. Fragen nach Anweisung
11. Bitte um Hilfe bei einem Problem
12. Wunsch nach selbstexplorativen Äußerungen des Interaktionspartners
13. Fragen nach Information
14. Sachbezogene Äußerungen, Information
15. Äußerungen über die aktuelle Interaktion

*III. Nonverbales Verhalten*
16. Aufnehmen von Körperkontakt
17. Negative Gefühlsäußerungen
18. Positive Gefühlsäußerungen
19. Widersprüchliche nonverbale Äußerungen
20. Still sein mit Blickkontakt zum Interaktionspartner
21. Still sein ohne Blickkontakt

*IV. Sonstiges Verhalten*
22. Restkategorie

**Kategorienbeschreibung des Kind-Erwachsenen-Interaktionsbogens:**

*I. Tätigkeiten*
Unter Tätigkeiten werden alle im weiteren Sinne auf Objekte bezogenen, mehr oder weniger zielgerichteten Handlungen verstanden. Häufig vorkommende Tätigkeiten sind Herstellen oder Zerlegen von Gegenständen oder Material; Schreiben, Zeichnen, Malen, etwas Ordnen, Aufbauen, Aufräumen, Spielen.

1. *Eine Tätigkeit ausführen:* Beginn einer eigenen Tätigkeit; Beteiligung an einer Tätigkeit des Interaktionspartners; Fortsetzen einer begonnenen Tätigkeit.
2. *Eine Tätigkeit abbrechen oder unterlassen:* Eine begonnene Tätigkeit beenden, abbrechen oder sich davon abwenden; eine Tätigkeit, zu der aufgefordert wurde, nicht ausführen.

*II. Verbales Verhalten*

3. *Auf Tätigkeiten bezogene Äußerungen:* Tätigkeitsbegleitende Äußerungen oder Äußerungen über eigene Tätigkeiten.
4. *Äußerungen mit Anekdotencharakter:* Unpersönliche Äußerungen, Witze und Geschichten; Erzählungen über andere Personen, aber auch eigene Erlebnisse, in deren Schilderung nichts über die eigene Person gesagt wird.
5. *Anweisung geben:* Verhaltensregeln formulieren; zu einer Tätigkeit oder zum Unterlassen auffordern; befehlen; hinweisen, wie etwas gemacht werden soll.
6. *Selbstexplorative Äußerungen:* Äußerungen, die Aufschluss über die eigene Person geben; Äußerungen über Eigenschaften und Befindlichkeiten; verbale Gefühlsäußerungen.
7. *Geben von positivem Feedback:* Zustimmung, Lob, Bemerkungen wie „gut", „schön", „richtig", „ja"; Hervorhebung positiver Eigenschaften und Verhaltensweisen des Interaktionspartners.
8. *Geben von negativem Feedback:* Negative Rückmeldung über Verhaltensweisen und Eigenschaften des Interaktionspartners; Äußerungen wie „falsch", „schlecht", „nein"; Aussprechen von Drohungen; Äußerungen des Missfallens und der Ablehnung.
9. *Bitte um Feedback:* Aufforderung zur Stellungnahme; Fragen wie: „Wie findest du das?" oder „Gefällt dir mein Bild?"

10. *Fragen nach Anweisung:* Fragen wie: „Was soll ich tun?" oder „Wie soll ich das machen"? Aufforderung an den Interaktionspartner, Verhaltensanweisungen zu geben.
11. *Bitte um Hilfe bei einem Problem:* Direkt: „Kannst du mir helfen?" oder indirekt: „Ich schaffe es nicht alleine!"
12. *Wunsch nach selbstexplorativen Äußerungen des Interaktionspartners:* Fragen nach Gefühlen und Befindlichkeiten des Interaktionspartners; Bitte oder Aufforderung, etwas von sich zu erzählen.
13. *Fragen nach Information:* Fragen nach Ereignissen oder Sachverhalten, die nicht in die Kategorien (9) bis (12) fallen.
14. *Sachbezogene Äußerungen, Information:* Aussagen, die sich auf Ereignisse oder Sachverhalte beziehen und primär Informationscharakter haben; hierzu gehören auch Ja- oder Nein-Antworten auf Informationsfragen. Nicht in diese Kategorie gehören die unter den Punkten (3), (4), (6) und (15) beschriebenen Äußerungen, auch wenn diese sachliche Informationen enthalten.
15. *Äußerungen über die aktuelle Interaktion:* Hier-und-jetzt-Äußerungen; Äußerungen über gegenwärtige Zustände und Wahrnehmungen der Situation sowie des Interaktionspartners, sofern sie nicht unter Kategorie (6) fallen.

*III. Nonverbales Verhalten*

Gestik, Mimik, Körperhaltung usw.

16. *Aufnehmen von Körperkontakt:* Körperkontakt zum Interaktionspartner herstellen; streicheln, umarmen, betasten, festhalten, sich anlehnen oder anklammern, küssen, schmusen.
17. *Negative Gefühlsäußerungen:* Nonverbale Äußerung von negativen Gefühlen dem Interaktionspartner gegenüber; Ausdruck von Ablehnung, Wut, Ärger, Ekel.
18. *Positive Gefühlsäußerungen:* Nonverbaler Ausdruck von positiven Gefühlen dem Interaktionspartner gegenüber; Ausdruck von Zuneigung, Zuwendung, Liebe, Freundlichkeit.
19. *Widersprüchliche nonverbale Äußerungen:* Widersprechende Signale auf verschiedenen Kommunikationskanälen; gleichzeitiges Vorkommen positiver und negativer Signale in Mimik, Gestik, Körperhaltung, etwa auf Distanz gehen und lächeln.
20. *Still sein mit Blickkontakt zum Interaktionspartner:* Schweigen, nichts erzählen, nichts fragen, nichts erbitten, keine Gefühle äußern, mit Blickkontakt zum Interaktionspartner; den Interaktionspartner ansehen und schweigen.
21. *Still sein ohne Blickkontakt:* Nichts erzählen, nichts fragen, keine Gefühle äußern, schweigen, ohne dabei den Interaktionspartner anzusehen.

*IV. Sonstiges Verhalten*

22. *Restkategorie:* Alle anderen Verhaltensweisen.

### 2.4.2 Arzt-Kind-Interaktionsbogen

Die Verhaltensliste umfasst vier Oberkategorien für Kind und Arzt in analoger Weise:

- verbales Verhalten,
- nonverbales Verhalten (Gestik, Mimik, Körperhaltung etc.),
- Tätigkeiten (zielgerichtetes, auf ein oder mehrere Objekte bezogenes Verhalten) und
- sonstiges Verhalten (Restkategorie zur Erfassung anderer relevanter Verhaltensweisen).

Auch in diesem Beobachtungsbogen werden die Indikatoren für vertrauensvolles Verhalten von Krumboltz und Potter (1980) berücksichtigt und durch spezifische Kategorien ärztlichen Vorgehens, wie Erklären von bzw. Umgang mit Geräten, ergänzt (vgl. die beiden folgenden Kästen). Mit diesem Verfahren wird wiederum nur erhoben, ob ein Merkmal vorliegt oder nicht.

**Arzt-Kind-Interaktionsbogen: Kategoriensystem Kind**

A. *Verbales Verhalten*
(a) Fragen stellen vs. keine Fragen stellen
(b) Fragen des Arztes beantworten vs. nicht antworten
(c) Erzählen eigener Erlebnisse vs. kein selbstständiges Erzählen
(d) Gefühlsäußerungen vs. keine Gefühle zeigen

B. *Nonverbales Verhalten*
(e) Blickkontakt vs. kein Blickkontakt
(f) Sich ohne Scheu anfassen (untersuchen) lassen vs. sich nicht anfassen lassen
(g) Still sein mit oder ohne Blickkontakt

C. *Tätigkeiten*
(h) Sich umsehen vs. sich nicht umsehen
(i) Ausprobieren von Instrumenten vs. kein Ausprobieren
(k) Den Anweisungen des Arztes folgen vs. nicht folgen

D. *Sonstiges Verhalten*
(l) Restkategorie

*Kategorienbeschreibung:*

A. *Verbales Verhalten:* Alles, was hörbar und artikuliert verbal abläuft
(a) *Fragen stellen vs. keine Fragen stellen:*
Kind fragt nach Gegenständen, Abläufen, Tätigkeiten des Arztes etc. vs. Kind traut sich nicht zu fragen (mit oder ohne eindeutige Hinweise darauf, z. B. Ansetzen zur Frage) oder andere Personen (Schwester, Eltern) fragend anzusehen.

(b) *Fragen des Arztes beantworten vs. nicht antworten:*
Frei sprechen, eindeutige Auskunft geben vs. den Arzt nur ansehen, wegsehen; oder auch: Fragen mit vermeintlich erwarteter Antwort beantworten (Suggestibilität) oder die Situation als Spiel missdeuten.
(c) *Erzählen eigener Erlebnisse vs. kein selbstständiges Erzählen:*
Arzt kann an dem Leben des Kindes teilhaben (unabhängig davon, ob das Erzählte sich auf die aktuelle Situation bezieht oder nicht) vs. Kind erzählt von sich aus nichts und antwortet auch auf diesbezügliche Fragen nur einsilbig oder gar nicht.
(d) *Gefühlsäußerungen vs. keine Gefühle zeigen:*
Freude, Schmerz, Angst, Kummer (z. B. über die Trennung von Eltern und Freunden oder Freude auf baldige Heimkehr) deutlich zeigen und/oder dem Arzt mitteilen vs. keine Anzeichen über die ihn/sie bewegenden Gefühle geben.

B. *Nonverbales Verhalten:* Bezieht sich hier auf Mimik, Gestik, Körperhaltung etc.
(e) *Blickkontakt vs. kein Blickkontakt:*
Den Arzt ansehen vs. vermeiden, ihn anzuschauen.
(f) *Sich ohne Scheu anfassen (untersuchen) lassen vs. sich nicht anfassen lassen:*
Kind zeigt keine Angst oder Scheu bei Berührung, lässt sich auch bewegen vs. Kind sträubt sich, krümmt sich zusammen, zuckt zurück, lässt sich nicht „behandeln".
(g) *Still sein mit vs. ohne Blickkontakt:*
Kind spricht nicht, sieht aber den Arzt an vs. vermeidet nicht nur jeden verbalen, sondern auch den nonverbalen Kontakt zum Arzt.

C. *Tätigkeiten:* Bezieht sich auf alles, was in etwa zielgerichtet und auf (ein oder mehrere) Objekte bezogen ist
(h) *Sich umsehen vs. sich nicht umsehen:*
Kind sieht sich das Untersuchungszimmer oder sein neues Zimmer im Krankenhaus genau an, untersucht alles (soweit körperlich möglich) vs. Kind macht keine Anstalten zur Erkundung, bleibt auf einem Platz und wechselt ihn nur nach Aufforderung.
(i) *Ausprobieren von Instrumenten vs. kein Ausprobieren:*
Kind betrachtet die Instrumente genau, möchte sie anfassen und selbst ausprobieren (z. B. sein Herz selbst abhören) vs. Kind beschäftigt sich nicht mit den Geräten, lehnt entsprechende Aufforderungen sogar ab.
(k) *Den Anweisungen des Arztes folgen vs. nicht folgen:*
Kind arbeitet mit vs. folgt nicht, macht etwas anderes oder das dem Verlangten Entgegengesetzte.

D. *Sonstiges Verhalten:* Alle anderen Verhaltensweisen
(l) *Restkategorie*

**Arzt-Kind-Interaktionsbogen: Kategoriensystem Arzt**

A. *Verbales Verhalten*
(a) Sich dem Kind vorstellen vs. sich nicht vorstellen
(b) Kind ansprechen vs. es nicht ansprechen
(c) Erklärungen geben vs. nichts erklären
(d) Geben von positivem/negativem Feedback vs. kein Feedback
(e) Klare Anweisungen geben vs. keine Anweisungen geben

B. *Nonverbales Verhalten*
(f) Blickkontakt vs. kein Blickkontakt
(g) Körperkontakt vs. kein Körperkontakt

C. *Tätigkeiten*
(h) Spielerisches Vertrautmachen mit den Geräten vs. kein Vertrautmachen
(i) Belohnung für Mitarbeit vs. keine Belohnung

D. *Sonstiges Verhalten*
(k) Restkategorie

*Kategorienbeschreibung:*

A. *Verbales Verhalten:* Alles, was hörbar und artikuliert verbal abläuft
(a) *Sich dem Kind vorstellen vs. sich nicht vorstellen:*
Dem Kind bei einem Erstkontakt seinen Namen nennen (wie bei einem erwachsenen Interaktionspartner) vs. es übergehen, sich ihm nicht vorstellen.
(b) *Kind ansprechen vs. es nicht ansprechen:*
Altersabhängig so viel wie möglich vom Kind selbst zu erfahren suchen; in jedem Fall es selbst nach dem Namen fragen und es dann auch damit anreden vs. über das Kind hinweg mit anderen Personen reden (Eltern, Begleitpersonen), Kind im Gespräch nicht beachten.
(c) *Erklärungen geben vs. nichts erklären:*
Fragen des Kindes beantworten, auf das Kind eingehen und ihm genau erklären, was warum gerade geschieht und wie es sich dabei verhalten sollte sowie ihm dann auch zu dem Ergebnis der Untersuchung etwas sagen vs. das Kind über die Vorgänge im Ungewissen lassen, auftretende Fragen oberflächlich, unvollständig, falsch oder gar nicht beantworten.
(d) *Geben von positivem/negativem Feedback vs. kein Feedback:*
Das Kind für die Mitarbeit deutlich loben; Unzufriedenheit und/oder Enttäuschung über mangelnde Mitarbeit in angemessener, freundlicher Form äußern; Tadel vs. keine Reaktion.
(e) *Klare Anweisungen geben vs. keine Anweisungen geben:*
Für das Kind verständliche und eindeutige Formulierungen gebrauchen und sich eventuell von deren Verständlichkeit durch Rückfragen überzeugen vs. unverständliche (z. B. in der Fachsprache abgefasste) oder gar keine Anweisungen geben.

B. *Nonverbales Verhalten:* Bezieht sich hier auf Mimik, Gestik, Körperhaltung etc.
(f) *Blickkontakt vs. kein Blickkontakt:*
Kind ansehen vs. über es hinwegsehen.
(g) *Körperkontakt vs. kein Körperkontakt:*
Der Arzt fasst das Kind nicht nur zur Untersuchung an, sondern hat auch sonst Körperkontakt (z. B. Hand halten) vs. Arzt berührt das Kind nur, wenn es (z. B. für die Untersuchung) unbedingt erforderlich ist.

C. *Tätigkeiten:* Bezieht sich auf alles, was in etwa zielgerichtet und auf (ein oder mehrere) Objekte bezogen ist
(h) *Spielerisches Vertrautmachen mit den Geräten vs. kein Vertrautmachen:*
Dem Kind die Geräte vor ihrer Anwendung zeigen, sie anfassen lassen, sie zuerst da ansetzen, wo das Kind sie sehen kann vs. sie nicht zeigen, keine Gewöhnung erlauben und/oder sie ausprobieren lassen, direkte Anwendung.
(i) *Belohnung für Mitarbeit vs. keine Belohnung:*
Nicht nur verbales Lob, sondern auch Streicheln oder materielle Belohnungen vs. keine besondere Belohnung oder Erwähnung der Mitarbeit oder sogar Nicht-Einhalten von Versprechen.

D. *Sonstiges Verhalten:* Alle anderen Verhaltensweisen
(k) *Restkategorie*

## 2.5 Zusammenfassung

In diesem Kapitel wurde über die bisherigen Vorgehensweisen berichtet, mit deren Hilfe man Vertrauen erfassen kann. Sehr vielfältige Bemühungen beziehen sich auf die Entwicklung von Fragebögen. Am häufigsten eingesetzt und kritisiert sind Skalen, die sich an Wrightsman und Rotter orientieren und generalisiertes Vertrauen bestimmen wollen. Andere Fragebögen werden einem situations- und personenbezogenen Vertrauenskonzept gerecht. Neben der Fragenbogenmethode wurde anhand des ausführlich behandelten Gefangenen-Dilemma-Spiels versucht, dem Phänomen Vertrauen auf die Spur zu kommen. Hier wird die gezeigte Kooperationsbereitschaft zweier Spieler als Maß für Vertrauen angesehen. Es handelt sich dabei um eine exakte, experimentell gut prüfbare Definition von Vertrauen. In den letzten Jahren kommt hier auch vermehrt das sogenannte Trust Game zum Einsatz. Fraglich ist jedoch, ob die Vorgaben in diesen Spielen von der Versuchsperson als Situationen wahrgenommen werden, die jenen analog sind, die im Alltag vertrauensvolles Verhalten erforderlich machen oder sinnvoll erscheinen lassen.

Wichtige Bestandteile des ausführlich dargestellten Kind-Erwachsenen-Interaktionsbogens und des Arzt-Kind-Interaktionsbogens sind selbstexplorative Äußerungen, Hier-und-jetzt-Äußerungen, Bitte um Hilfe und Bitte um Feedback. Es handelt sich dabei um bewährte Formen der „Selbstmitteilung", mit deren Hilfe man sich im Sozialkontakt „orientieren" kann. Neben der Erfassung von Vertrauen besteht hier die Möglichkeit, durch positive und nachhaltige Verstärkung verschiedener Verhaltensweisen des Kindes Bedingungen zu schaffen, die dem Kind vertrauensvolles Verhalten ermöglichen bzw. erleichtern.

# Kapitel 3

# Biologische Grundlagen von Vertrauen[5]

Auch wenn Vertrauen schon seit weit über 50 Jahren als angewandtes soziales Konzept angesehen und unter diesem Aspekt erforscht wird, ist bisher recht wenig über die biopsychosozialen Mechanismen des Vertrauens bekannt. Daher haben die Biologische Psychologie und die Neurowissenschaften in den letzten Jahren großes Interesse am Thema „Vertrauen" entwickelt. Unter anderem ist dieses gestiegene Interesse sicher in neuen Erkenntnissen begründet, die zeigen, dass sogenannte Neuropeptide wie das Oxytozin bei der Entstehung von Vertrauen eine wichtige Rolle zu spielen scheinen. Hierauf und auf weitere interessante Befunde aus der aktuellen (sozial-) neurowissenschaftlichen Forschung soll in diesem Kapitel näher eingegangen werden. Auch soll, zum besseren Verständnis der dargelegten Forschungsergebnisse, kurz auf Methoden eingegangen werden, mithilfe derer die biologischen Grundlagen des Vertrauens erfasst werden können. Die Integration der Ergebnisse aus angewandter Vertrauens- und Hirnforschung birgt ein großes Potenzial, da sie unser Verständnis verschiedener Formen des interpersonellen wie auch institutionellen Vertrauens im Kontext einer dynamischen und komplexen Umwelt verbessern kann und neue Methoden der quantitativen Messung des Vertrauens bereithält.

## 3.1 Die Erfassung biologischer Grundlagen des Vertrauens

Die Biologische Psychologie verfügt mittlerweile über ein großes Repertoire verschiedenster moderner Methoden, mit deren Hilfe Aussagen über die biologischen Grundlagen psychischer Prozesse gemacht werden können. Zu diesen Methoden gehören unter anderem die Elektroenzephalografie (EEG), die Messung und Analyse von Hirnströmen, sowie die funktionelle Magnetresonanztomografie (fMRT, synonym auch funktionelle Kernspintomografie). Das Gebiet, das sich mit der Erforschung der biologischen Grundlagen sozialer Prozesse beschäftigt, worunter auch Vertrauen fällt, wird Soziale Neurowissenschaft genannt. Eine wissenschaftliche Disziplin, die sich erst in den letzten Jahren entwickelt hat.

Zunächst soll kurz die Methode der Elektroenzephalografie erläutert werden. Bei dieser Methode werden Elektroden auf der Kopfoberfläche angebracht, die Spannungsschwankungen zur Messung der summierten elektrischen Hirnaktivität aufnehmen.

5 Dieses Kapitel wurde gemeinsam mit Dr. Marc Schipper verfasst.

Sie wird hauptsächlich in der medizinischen Diagnostik und der neurologischen bzw. neurowissenschaftlichen Forschung angewendet. In der Forschung wird die EEG oft verwendet, um sogenannte ereigniskorrelierte Potenziale (EKP) zu messen. Hierbei handelt es sich Potenziale, die etwa während der Bearbeitung einer bestimmten Aufgabe auftreten und Aufschluss über die Mechanismen und Prozesse geben können, die der Bearbeitung dieser Aufgabe unterliegen.

Ein großer Teil der Erkenntnisse über die biologischen Grundlagen des Vertrauens beruht auf Daten, die mittels der fMRT erhoben wurden. Mit diesen sogenannten bildgebenden Verfahren können aktivierte Hirnareale in hoher räumlicher Auflösung dargestellt werden. Hierzu müssen Personen in der Regel bestimmte (mentale) Aufgaben bearbeiten, während sie im Magnetresonanztomografen liegen. Dieser misst Durchblutungsveränderungen, die auf Stoffwechselvorgänge zurückgeführt werden können und somit Informationen über Aktivierungszustände in Hirnarealen geben. Wenn etwa ein Bereich des Gehirns während der Durchführung einer bestimmten Aufgabe eine hohe Aktivität zeigt, so geht man davon aus, dass dieser Bereich eine Rolle in der Bearbeitung dieser Aufgaben spielt.

Aufgrund der klinischen Atmosphäre, der Enge und der lauten Geräusche, die die fMRT mit sich bringt, werden ungerne Kinder mittels dieser Methode untersucht. Trotzdem ist es natürlich wichtig, auch junge Menschen zu untersuchen, um etwa die biologischen Grundlagen der Entwicklung des Vertrauens zu verstehen. Hier bietet sich eine weitere Methode an, die ähnliche Ergebnisse erzielt wie die fMRT, jedoch ohne weiteres auch bei Kindern angewendet werden kann, da oben genannte Probleme nicht gegeben sind. Es handelt sich um die Nah Infrarot Spektroskopie (NIRS). Das Verfahren der NIRS basiert auf der Tatsache, dass Hirnaktivität durch den Schädel hindurch mit nah-infrarotem Licht gemessen werden kann. Dies geschieht durch sogenannte Optoden, die auf dem Kopf befestigt werden. Wie auch die fMRT zeichnet sich diese Methode durch eine hohe räumliche Auflösung aus.

Nach dieser kurzen Einführung in einige moderne Methoden, die es erlauben, die biologischen Korrelate psychischer Prozesse zu untersuchen, sollen nun im Folgenden die bisher bekannten biologischen Grundlagen des Vertrauens behandelt werden.

## 3.2 Die Rolle der Hormone

Hormone sind biochemische Botenstoffe, die Informationen im Körper transportieren. Die Ergebnisse verschiedener Studien, die nahelegten, dass das im Gehirn produzierte Hormon Oxytozin unter anderem eine Rolle in der Mutter-Kind-Bindung spielt, führten dazu, dass in den letzten Jahren vermehrt der Einfluss dieses Hormons auf das Sozialverhalten untersucht wurde. Kosfeld und Kollegen (2005) konnten beispielsweise zeigen, dass Personen, denen Oxytozin verabreicht wurde, im Vergleich zu anderen, die ein Placebo erhielten, sich im Trust Game (Kapitel 2.2.4) vertrauenswürdiger verhielten. In diesem Fall heißt das, dass sie eher zu Geldzahlungen bereit waren oder größere Geldmengen transferierten. Interessanterweise wurde auch gezeigt, dass Oxytozin scheinbar Vertrauen, nicht aber die Bereitschaft des Eingehens von Risiken aus einem nicht sozialen Kontext erhöht. Um zu zeigen, dass es sich bei dem vom Oxytozin beeinflussten Merkmal um Vertrauenswürdigkeit und nicht um Großzügigkeit handelt, wurden Folgestudien (Mikolajczak et al., 2010) durchgeführt. In diesen profitierte niemand vom Verhalten eines anderen. Des Weiteren ging es statt um Geld um private Informationen, also um die Privatsphäre einer Person. Die Ergebnisse der Studien zeigten, dass der Effekt des Oxytozins auf Vertrauen unabhängig von seinem Effekt auf die Großzügigkeit ist. Außerdem belegen sie, dass Oxytozin auch Vertrauen bezogen auf immaterielle Dinge, wie Gefühle und Privatsphäre, erhöht. Nach der Verabreichung von Oxytozin scheinen sich Personen anderen Personen wie auch Situationen mit mehr Vertrauen zu nähern. Insgesamt belegen die Studien eine vertrauensfördernde Wirkung des Hormons Oxytozin.

In einer Studie von Perry und Kollegen (2010) konnte belegt werden, dass bestimmte EEG-Rhythmen nach der Vergabe von Oxytozin Veränderungen aufweisen. Dies gibt einen Hinweis darauf, dass Oxytozin eine Rolle bei der Verteilung kortikaler Ressourcen auf bestimmte, vermutlich soziale Verarbeitungsprozesse besitzt. Diese Erkenntnis öffnet neue Möglichkeiten, etwa durch elektrophysiologische Untersuchung oxytozin-induzierter Prozesse.

Neben dem Oxytozin sollen neueren Ergebnissen zufolge zwei weitere Hormone eng mit Vertrauen zusammenhängen: Vasopressin, auch antidiuretisches Hormon (ADH)

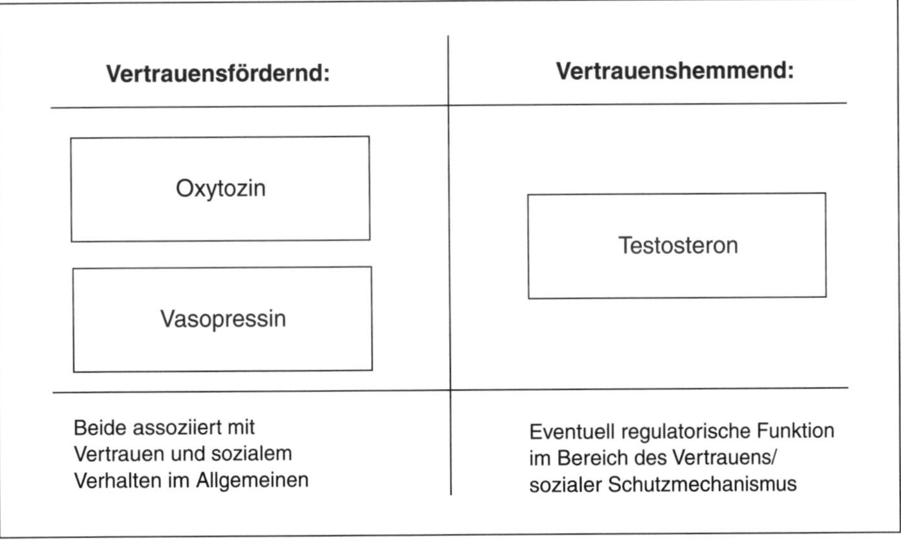


**Abbildung 4:** Darstellung von vertrauensrelevanten Hormonen und ihrer vermuteten vertrauensfördernden bzw. vertrauenshemmenden Wirkung

genannt, und Testosteron. Vasopressin weist fast dieselbe chemische Struktur wie Oxytozin auf. Schon seit langem ist Vasopressin im Zusammenhang mit dem menschlichen Flüssigkeitshaushalt und der Regulation des Blutdrucks bekannt, doch erst in den letzten Jahren fanden Wissenschaftler heraus, dass es auf der psychischen Ebene ähnliche Funktionen wie Oxytozin zu haben scheint. Es wurde zum Beispiel mit verschiedenen sozialen Verhaltensweisen wie der Paarbindung assoziiert (Heinrichs, von Dawans & Domes, 2009, vgl. Abb. 4).

Bos, Terburg und van Honk (2010) konnten zeigen, dass Testosteron, verglichen mit einem Placebo, signifikant das interpersonelle Vertrauen verringert. Die Wissenschaftler vermuten, dass Testosteron die soziale Wachsamkeit (soziale Vigilanz) von vertrauenden Personen erhöht und damit eine Art sozialen Schutzmechanismus errichtet.

## 3.3 Oxytozin: Therapeutisches Potenzial

Die zuvor besprochene vertrauensfördernde Wirkung des Oxytozins legt ein therapeutisches Potenzial des Hormons bei der Behandlung einer unzureichenden sozialen Kompetenz nahe. Bei solchen Auffälligkeiten kann es sich etwa um Autismus, die Borderline-Persönlichkeitsstörung oder spezifische Angststörungen, etwa die soziale Phobie, handeln. Das therapeutische Potenzial des Oxytozins soll im Folgenden kurz am Beispiel der Borderline-Persönlichkeitsstörung dargestellt werden, die sich unter anderem durch eine emotionale Labilität auszeichnet. Bei solch einer Symptomatik liegt der Schluss nahe, dass Oxytozin, als „vertrauensförderndes" Hormon, einen positiven therapeutischen Einfluss haben könnte. Bartz und Mitarbeiter (2011) untersuchten die Effekte der nasalen Verabreichung von Oxytozin im Vergleich zu einem Placebo auf Vertrauen und Kooperation bei Borderline-Patienten. Aufgabe der Patienten war ein soziales Dilemma-Spiel. Interessanterweise wirkte sich die Vergabe von Oxytozin in diesem Fall nicht vertrauensfördernd aus; das Gegenteil war der Fall, es kam zu einer Hemmung des Vertrauens: Borderline-Patienten, denen Oxytozin verabreicht wurde, zeigten weniger Vertrauensbereitschaft im Spiel als diejenigen, denen ein Placebo zugeführt wurde. Es gibt nun verschiedene mögliche Erklärungen für dieses unerwartete Ergebnis: Shamay-Tsoory und Mitarbeiter (2009) vermuten, dass Oxytozin Vertrauen oder positives sozial-emotionales Verhalten nicht direkt positiv beeinflusst, sondern die Zugänglichkeit für soziale Hinweisreize erhöht, also einen indirekten Einfluss auf die Regulation sozialer Interaktionsprozesse besitzt. Dies würde bedeuten, dass die Wirkung von Oxytozin stark variiert und vom persönlichen und sozialen Kontext abhängt.

Die bisherigen Ergebnisse sprechen nicht gegen einen potenziellen therapeutischen Nutzen des Oxytozins. Allerdings zeigen sie, dass Oxytozin nicht generell vertrauensfördernd wirken muss, sondern dass hier verschiedene Faktoren eine Rolle spielen.

Diese Faktoren müssen bei der Evaluation des therapeutischen Potenzials des Oxytozins berücksichtigt werden.

## 3.4 Genetische Aspekte des Vertrauens

Um zu untersuchen, ob individuelle Unterschiede im Vertrauen genetische Ursachen haben, führten Cesarini und Kollegen (2008) das im vorherigen Kapitel vorgestellte Trust Game mit Zwillingen durch. Teilnehmer der Studie waren monozygotische und dizygotische Zwillingspaare. Im Unterschied zu dizygotischen Zwillingen entwickeln sich monozygotische Zwillinge aus einer einzigen Eizelle, haben demnach das gleiche Erbgut und die gleichen Erbanlagen. Die Ergebnisse der Studie zeigen, dass monozygotische Zwillingspaare im Trust Game ähnlichere Verhaltensweisen an den Tag legen als dyzygotische Zwillingspaare. Die Autoren folgern, dass individuelle Unterschiede in den Merkmalen Vertrauen und Vertrauenswürdigkeit bzw. in kooperativen Verhaltensweisen nicht hinreichend durch die Sozialisation durch Eltern und Gleichaltrige erklärt werden können. Die Ergebnisse der Studie lassen vermuten, dass auch die genetische Variation hier eine Rolle spielt.

## 3.5 Am Vertrauen beteiligte Hirnstrukturen

Um Einblicke in die neuronalen Grundlagen des Vertrauens zu bekommen, führten Baumgartner und Kollegen (2008) eine Studie durch, in der die Hirnaktivität mittels der funktionellen Kernspintomografie erfasst wurde. Wie auch in der bereits zuvor dargestellten Studie von Kosfeld und Kollegen (2005) mussten die Personen nach der nasalen Vergabe von Oxytozin bestimmte Aufgaben, wie das Trust Game, ausführen. Im Vergleich zu Personen, die ein Placebo erhielten, zeigten Personen unter dem Einfluss von Oxytozin keinen Unterschied in ihrer Vertrauensbereitschaft, nachdem ihr Vertrauen mehrfach gebrochen wurde. Personen, die ein Placebo erhielten, zeigten eine deutlich geringere Vertrauensbereitschaft. Dieser Unterschied in der Vertrauensbereitschaft geht einher mit spezifischen Aktivitätsreduktionen in verschiedenen Hirnregionen. Hierzu zählen ein wichtiger Teil des limbischen Systems, die Amygdala (auch bekannt als Mandelkern), das Mesencephalon (Mittelhirn) und das dorsale Striatum (vgl. Abb. 5). Die Amygdala und das Mesencephalon sind in die Verarbeitung von Angst involviert, das dorsale Striatum in durch Feedback hervorgerufene Verhaltensanpassungen. Des Weiteren ist sowohl aus fMRT-Studien als auch aus Läsionsstudien (vgl. Domes et al., 2007, Kapitel 3.7) bekannt, dass die Amygdala eine große Rolle spielt, wenn es darum geht, Informationen über die Vertrauenswürdigkeit eines Menschen aus dem Gesicht zu extrahieren.

Neben dem Trust Game bestand eine weitere Aufgabe in dieser Studie in der Durchführung des sogenannten Risk Games. Das Risk Game funktioniert nach demselben

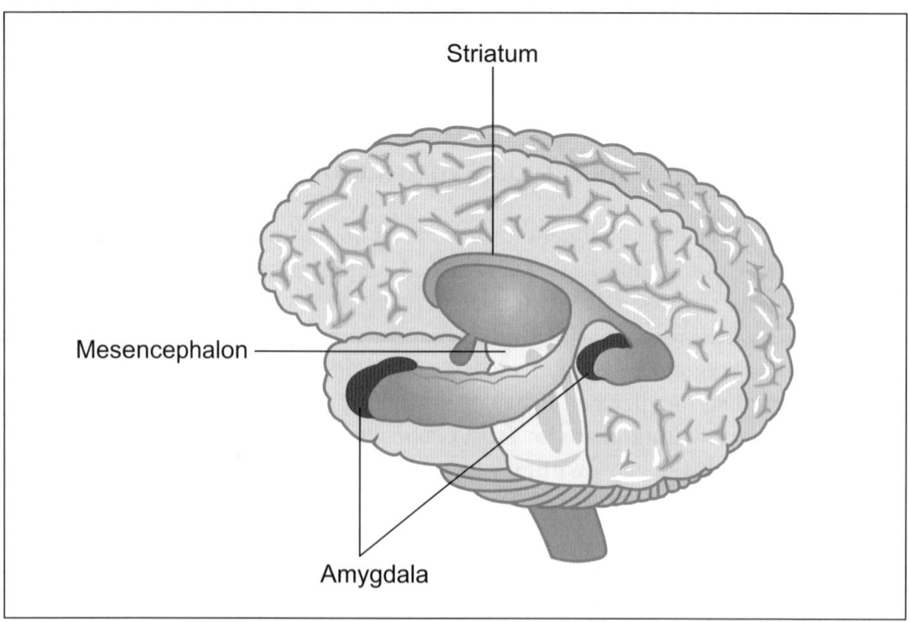


**Abbildung 5:** Darstellung der Gehirnregionen, die bei Vertrauensbereitschaft eine reduzierte Aktivität zeigen

Prinzip wie das Trust Game, jedoch interagiert man nicht mit einer anderen Person, sondern die Interaktionen werden durch ein Computerprogramm vollzogen. So wird der Vertrauensfaktor des Trust Games im Risk Game in einen Zufallsfaktor umgewandelt („Lottoriefaktor"), der zwar ein Risiko darstellt, jedoch kein soziales Risiko. Vertrauen spielt also keine Rolle mehr, da nun alles vom Zufallsmechanismus einer Maschine abhängt und nicht mehr von der Unsicherheit bezüglich des Verhaltens des Interaktionspartners. Da gezeigt wurde, dass Oxytozin Vertrauen, nicht aber die Bereitschaft des Eingehens von Risiken erhöht, wie im Risk Game der Fall, wäre denkbar, dass Oxytozin die Hirnaktivität bei diesen beiden Spielen unterschiedlich beeinflusst.

In der Tat fanden die Forscher Unterschiede: Wie zuvor berichtet reduzierten im Trust Game die Personen, denen ein Placebo verabreicht wurde, ihr Risikobereitschaft, nachdem ihr Vertrauen mehrfach gebrochen wurde. Dies spiegelte sich auch in ihrer neuronalen Aktivität. Die Personen, denen Oxytozin verabreicht wurde, zeigten im Gegensatz dazu eine stark erhöhte Risikobereitschaft. Im Risk Game hingegen zeigten sich zwischen den Personen, denen ein Placebo verabreicht wurde und denen, denen Oxytozin zugeführt wurde, keine Unterschiede in ihrer Risikobereitschaft, nachdem sie mehrere Runden spielten. Eine grafische Darstellung der Ergebnisse findet sich im folgenden Kasten. Oxytozin scheint also die soziale Risikobereitschaft, nicht aber die Risikobereitschaft im Allgemeinen zu beeinflussen.

**Oxytozin und Vertrauensbereitschaft:**

Den Teilnehmern wurde entweder Oxytozin oder ein Placebo verabreicht. Im Risk Game ist kaum eine Veränderung der Transferhöhe erkennbar, weder in der Placebo- noch in der Oxytozin-Gruppe. Im Trust Game treten große Unterschiede auf: Nach mehreren Vertrauensbrüchen (Post-Feedback) reduziert die Placebo-Gruppe die Transferhöhe, wohingegen in der Oxytozin-Gruppe die Transferhöhe steigt (vgl. Abb. 6).

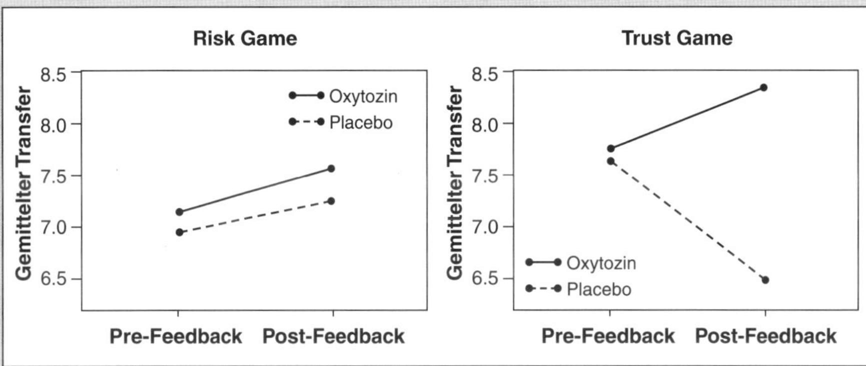


**Abbildung 6:** Veränderung der Transferhöhe in der Oxytozin- und Placebo-Gruppe im Risk Game und im Trust Game (verändert nach Baumgartner et al., 2008)

Nach mehreren Vertrauensbrüchen (Post-Feedback) im Trust Game zeigt die Amygdala unter Oxytozin beidseitig eine verringerte Aktivität. Im Gegensatz hierzu zeigt die Placebo-Gruppe eine erhöhte Aktivierung in der Amygdala (vgl. Abb. 7).

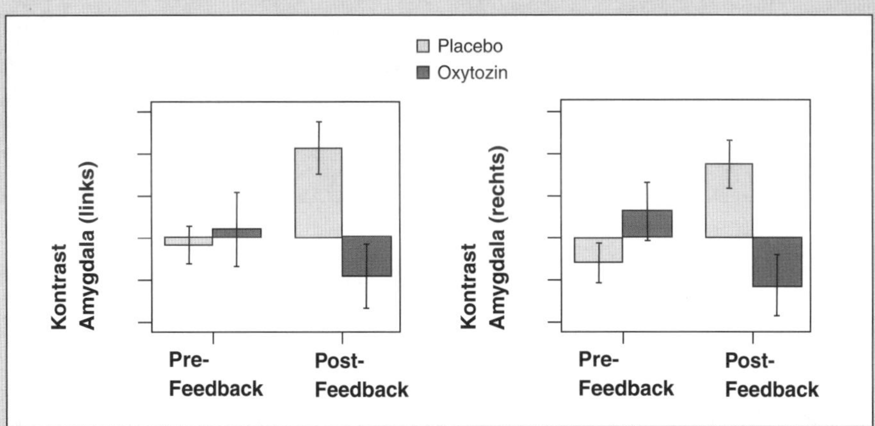


**Abbildung 7:** Aktivierung in der Amygdala (links und rechts) bei der Placebo- und der Oxytozin-Gruppe im Trust Game (nach Baumgartner et al., 2008)

Die bisher dargestellten Ergebnisse lassen vermuten, dass die Amygdala maßgebend die Vertrauensbereitschaft ermöglicht. In diesem Zusammenhang zeigten Koscik und Tranel (2011), dass bei Patienten mit einer unilateralen Amygdalaläsion im Trust Game verstärkt vertrauensvolles Verhalten auftritt, das heißt, dass diese Patienten also mit weniger Vorsicht handeln. Diese Autoren schließen hieraus, dass die Amygdala eine entscheidende Rolle in der Entwicklung und Äußerung interpersonellen Vertrauens spielt.

Krueger et al. (2007) zeigten, dass es für den Aufbau einer vertrauensvollen Beziehung in der Regel nötig ist, die Absichten des Gegenübers abzuschätzen, um so zukünftiges Verhalten hervorzusagen. In diesen Prozess, also beim Aufbau des Vertrauens, ist der paracinguläre Kortex involviert. Des Weiteren gehen die Wissenschaftler davon aus, dass der paracinguläre Kortex bei verschiedenen Vertrauensstrategien mit unterschiedlichen Hirnstrukturen assoziert ist. In dieser Untersuchung wurde zwischen zwei Vertrauensstrategien unterschieden, dem konditionierten und dem unkonditionierten Vertrauen. Handelt es sich um konditioniertes Vertrauen wird neben dem paracingulären Kortex auch der ventral tegmentale Bereich aktiviert, eine Region, die unter anderem mit dem Belohnungssystem verknüpft ist. Handelt es sich um unkonditioniertes Vertrauen, dann wird neben dem paracingulären Kortex auch der septale Bereich des Gehirns aktiviert, eine Region, die unter anderem mit sozialer Bindung assoziiert wird. In Abbildung 8 werden die involvierten Gehirnregionen in magnetresonanztomografischen Aufnahmen dargestellt, die für die vertrauensbezogenen Prozesse bedeutsam sind.

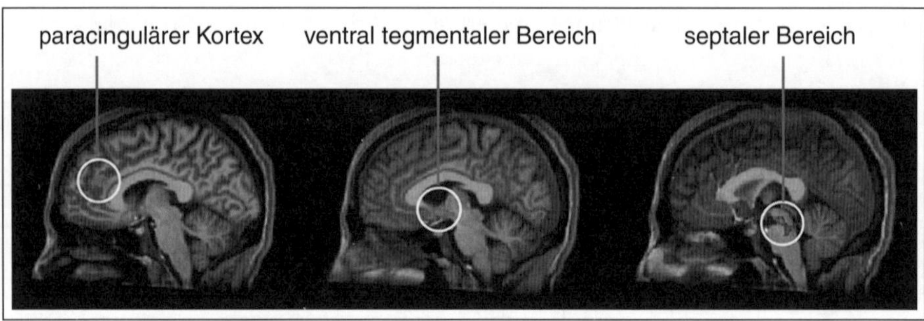


**Abbildung 8:** Funktionelle, magnetresonanztomografische Aufnahmen von Gehirnregionen, die vertrauensbezogene Prozesse verdeutlichen (mod. nach Krueger et al., 2007; © National Academy of Sciences, U.S.A.)

In einer weiteren fMRT-Studie untersuchten van den Bos und Kollegen (2009) die neuronalen Korrelate der Reziprozität, indem sie zwei Faktoren manipulierten, die reziprokes Verhalten in Trust Games beeinflussen:

- das Risiko, das der Vertrauende beim Vertrauen eingeht, und
- den Gewinn für den Vertrauenden, wenn er vertraut.

Die Ergebnisse der Studie zeigten im anterioren medialen präfrontalen Kortex eine höhere Aktivität, wenn Personen reziprokes im Vergleich zu nicht reziprokem Verhalten an den Tag legten. Diese Hirnregion war jedoch nicht sensibel für die Manipulation des Risikos oder des Gewinns. Die rechte temporal-parietale Junction, die anteriore (anterior = vordere) Insula (bilateral = beidseitig), und der anteriore cinguläre Kortex zeigten Aktivitätsänderungen auf Manipulationen des Faktors Risiko. Im Gegensatz hierzu waren der anteriore cinguläre Kortex gemeinsam mit dem rechten dorsolateralen präfrontalen Kortex sensibel für Manipulationen des Faktors Gewinn. Die Lokalisation der hier beschriebenen Hirnregionen ist in Abbildung 9 illustriert.

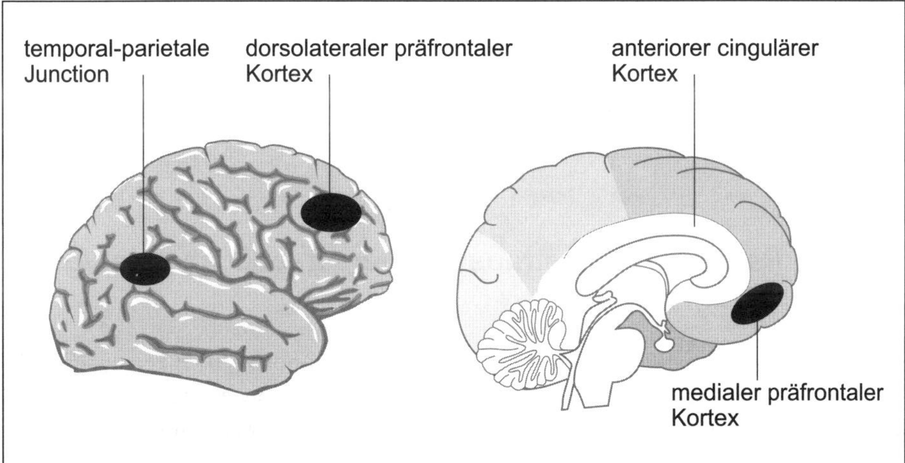


**Abbildung 9:** Lokalisierung neuronaler Korrelate der Reziprozität

Es konnte also gezeigt werden, dass komplexe Netzwerke unterschiedlicher Hirnstrukturen die biologische Grundlage des Vertrauens bilden. Abschließend noch ein Blick in die Zukunft: Lloyd-Fox und Mitarbeiter (2009) vermuteten, dass sich schon bei Säuglingen ein Bereich im temporalen Kortex findet, der auf die Verarbeitung dynamischer sozialer Reize spezialisiert ist. Die Wissenschaftler führten eine NIRS-Studie (Kapitel 3.1) mit Säuglingen durch, in der die Säuglinge verschiedene Reize sahen (bewegte und unbewegte soziale Reize wie etwa Gesichter und nicht soziale Reize wie etwa Fahrzeuge). Die Analyse der NIRS-Daten zeigte Aktivität in bestimmten Hirnstrukturen, die nur bei der Betrachtung dynamischer sozialer Reize auftrat. Dies zeigt, dass schon im Säuglingsalter bestimmte Hirnstrukturen auf die Verarbeitung sozialer Reize spezialisiert sind. Diese Erkenntnis stellt einen wichtigen Befund etwa für die Kinderpsychologie dar, da sie auf von Geburt an vorhandene, dem Sozialverhalten unterliegende Hirnstrukturen hinweist.

## 3.6 Ein neurologisches Modell des Vertrauens

Zak und Kugler (2011) formulierten auf der Basis aktueller neurowissenschaftlicher Erkenntnisse ein neurologisches Modell von Vertrauen. Vor allem wollen die Autoren die sogenannte Reziprozitätfunktion spezifizieren. Hauptkomponenten dieses Modells sind

- das Vertrauenssignal,
- die mit dem Vertrauenssignal verbundene Varianz und
- äußere Einflüsse auf die Vertrauensbereitschaft, wobei nach den heutigen Erkenntnissen dem Oxytozin eine Moderatorfunktion zukommt (vgl. Kapitel 3.2).

Es handelt bei diesem Modell des Vertrauens um einen spieltheoretischen Ansatz. Aufgrund der hohen Komplexität des Modells soll hier nicht näher auf dessen Inhalte eingegangen werden. Trotzdem soll es hier Erwähnung finden, um aufzuzeigen, dass eine Integration der neuen biologischen Erkenntnisse im Kontext einer psychologischen Theorie stattfindet.

## 3.7 Vertrauen und Misstrauen: Unterschiedliche beteiligte Hirnstrukturen?

Mithilfe der funktionellen Kernspintomografie konnte Dimoka (2010) zeigen, dass bei Vertrauen und Misstrauen unterschiedliche Hirnbereiche aktiviert werden. Vertrauen wird den Ergebnissen der Studie zufolge in Bereichen generiert, die allgemein mit Belohnung, Vorhersagbarkeit und Unsicherheit (im Sinne von Vorhersagbarkeit) assoziiert werden. Diese Bereiche wurden bereits im vorherigen Teil dieses Kapitels dargestellt. Bei Misstrauen dagegen werden Hirnregionen aktiviert, die die Grundlage für Angst und Emotionen bilden, wie etwa die Amygdala und die Insula. Des Weiteren ist der Einfluss von Misstrauen größer als der von Vertrauen, was damit erklärt werden könnte, dass Misstrauen stärker von emotionalen Prozessen begleitet wird als Vertrauen.

## 3.8 Vertrauen und Empathie: Zusammenhänge

Domes und Mitarbeiter (2007) konnten in einer Studie zeigen, dass Oxytozin neben der Vertrauensbereitschaft auch die Fähigkeit erhöht, anhand von Gesichtsausdrücken den affektiven Zustand von Menschen (traurig, zornig, glücklich etc.) zu beurteilen. In dieser Studie wurde 30 Personen nasal entweder Oxytozin oder ein Placebo verabreicht. Ihre Aufgabe war es, Gesichter zu betrachten und anhand der Mimik und des Blickverhaltens der präsentierten Gesichter zu entscheiden, in welcher emotionalen Lage die dargestellte Person sich befindet. Die Personen, denen Oxytozin verabreicht wurde, schnitten in der Aufgabe signifikant besser ab als die Kontrollgruppe, der ein

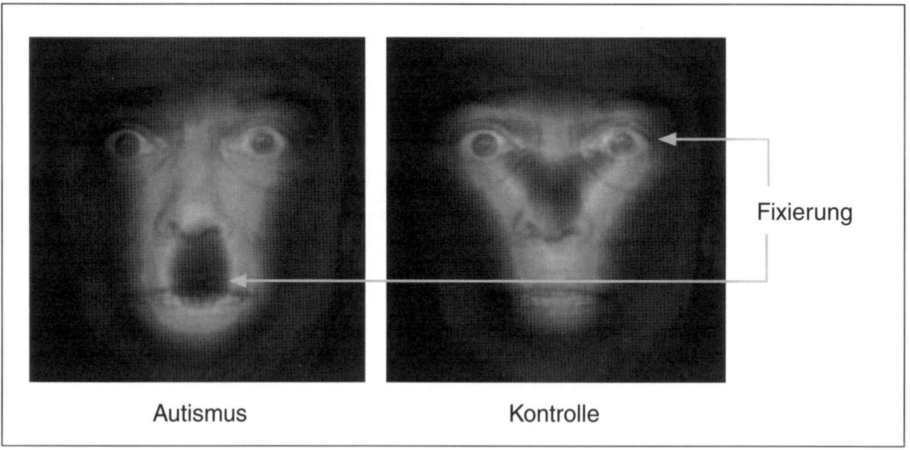


**Abbildung 10:** Blickbewegungsanalyse bei der Betrachtung affektiver Reize (nach Neumann et al., 2006; Abdruck erfolgt mit Genehmigung von Oxford University Press)

Placebo verabreicht wurde. Dieses Ergebnis lässt die Autoren vermuten, dass Oxytozin das Einfühlungsvermögen positiv beeinflusst. Auch in klinischer Hinsicht haben diese Ergebnisse eine hohe Relevanz, da sie auf eine mögliche Rolle des Oxytozins im Rahmen der Erklärung des Autismus hinweisen. Autisten zeigen große Defizite in der Empathiefähigkeit, was sich unter anderem in sehr schlechten Ergebnissen in Experimenten wie diesem ausdrückt. Ein illustratives Beispiel für Defizite in der sozialen Wahrnehmung bei Autismus bildet eine Studie von Neumann et al. (2006): Mittels der Analyse der Augenbewegungen konnte gezeigt werden, dass Autisten, die große Defizite in der sozialen Wahrnehmung aufzeigen, bei der Beurteilung des affektiven Zustands einer Person fast gar nicht deren Augen, sondern hauptsächlich den Mund fixieren. Bei der Analyse von Gesichtsausdrücken verbergen sich die wichtigsten (sozialen) Hinweise jedoch im Bereich der Augen. Unauffällige Personen fixieren entsprechend auch hauptsächlich die Augen, um Gemütszustände bei anderen Personen zu erkennen (vgl. Abb. 10).

Ein Zusammenhang zwischen Vertrauen und Empathie ist per se recht offensichtlich, in Kapitel 5 wird Empathie als Baustein des Vertrauens spezifiziert. Vanderbilt, Liu und Heyman (2011) etwa gehen davon aus, dass die Fähigkeit von Kindern, zu entscheiden, wem zu vertrauen ist und wem nicht, stark von der Entwicklung der Empathie abhängt (vgl. Kapitel 4.3.1). Die Studie von Domes et al. (2007) stellt einen großen Beitrag zum biologischen Verständnis des Vertrauens dar. Wenn Empathie ein Baustein des Vertrauens ist, demnach also Vertrauen erst durch die Fähigkeit zur Empathie ermöglicht wird, bedeutet dies, dass ohne ein Verständnis beziehungsweise die Erforschung der biologischen Grundlagen der Empathie auch die Biologie des Vertrauens nicht entschlüsselt werden kann. So zeigt sich auch auf biologischer Ebene ein enger Zusammenhang zwischen Empathie und Vertrauen.

## 3.9 Zusammenfassung

Das Studium der biologischen Grundlagen des Vertrauens steht noch ganz am Anfang. Dennoch wurden schon Studien durchgeführt und bereits verschiedene Hormone und Hirnregionen gefunden, die offensichtlich eine große Rolle bei der Äußerung von Vertrauen spielen. Auf hormoneller Seite sind dies Oxytozin, Testosteron und Vasopressin. Von diesen ist dem Oxytozin bisher die größte Aufmerksamkeit zuteil geworden.

Auch die Genetik hat zur bisherigen Erforschung der biologischen Grundlagen des Vertrauens beigetragen. Aktuelle Zwillingsstudien lassen vermuten, dass genetische Variationen eine Bedeutung in der individuellen Ausprägung des Vertrauens besitzen.

Mithilfe bildgebender Verfahren konnten verschiedene Hirnstrukturen mit Vertrauen assoziiert werden. Diese Strukturen bilden komplexe neuronale Netzwerke. Interessanterweise scheinen Vertrauen und Misstrauen durch unterschiedliche Netzwerke implementiert zu werden. Ein Ziel der zukünftigen biologischen Vertrauensforschung ist etwa herauszufinden, wie verschiedene Hirnstrukturen miteinander verknüpft sind, um Vertrauen zu ermöglichen.

# Kapitel 4

# Empirische Befunde

Die folgenden Ausführungen werden deutlich machen, wie stark die empirischen Befunde von den eingesetzten Erhebungsverfahren abhängen. So fallen Befunde aus Fragebögen zur Erfassung generalisierten und spezifischen Vertrauens sowie dem Gefangenen-Dilemma-Spiel teilweise unterschiedlich aus. Das unten dargestellte Rahmenmodell, das die zentralen Merkmale der Vertrauensforschung ordnet, kann diese Widersprüche erhellen. Daran anschließend werden wir auf Ergebnisse zur Entwicklung von Vertrauen eingehen und uns dann dem ausführlichen Bericht über die erzielten Befunde widmen. Dieser Bericht gliedert sich grob in

- Vertrauen als Persönlichkeitsmerkmal,
- Vertrauen als Situationsmerkmal und
- Vertrauen als Beziehungsmerkmal.

Mit dieser Untergliederung sollen verschiedene Blickrichtungen verdeutlicht werden. Interessiert man sich für Vertrauen als Persönlichkeitsmerkmal, dann geht man von stabilen und umfassend feststellbaren *Unterschieden zwischen Personen* aus; bei Rotter stellt das allmählich erworbene, generalisierte Vertrauen ein stabiles Persönlichkeitsmerkmal dar. Vertrauen als Persönlichkeitsmerkmal bezieht sich demnach auf Eigenschaften der vertrauenden Person und wird meist als zeitlich stabiles Merkmal einer Person verstanden.

Fasst man Vertrauen spezifischer, dann wird man an *Unterschieden zwischen Anlässen und Situationen* interessiert sein, in denen Vertrauen auftritt. Wird Vertrauen als Situationsmerkmal behandelt, liegt das Augenmerk auf Merkmalen, die eine gewisse Variationsbreite aufweisen. Eine solche Definition von Vertrauen wird oft verwendet, wenn Vertrauen mithilfe experimenteller Spiele untersucht wird (Gennerich, 2000). Man kann zudem annehmen, dass je nach Nähe und Vorerfahrungen *verschiedene Interaktionspartner* (z. B. Mutter-Kind, Therapeut-Patient) ihre Beziehung unterschiedlich vertrauensvoll gestalten.

Schließlich besteht noch die Möglichkeit, Vertrauen als unabhängiges Merkmal zu untersuchen und damit die Wirkung von Vertrauen in den Vordergrund zu rücken. Besonders positive Konsequenzen von Vertrauen im Kontext zwischenmenschlichen Handelns wurden untersucht. Gennerich (2000) beschreibt, dass Qualität und Quantität des Informationsflusses, Akzeptanz von Informationen und Einfluss, Kooperation und Verhandlungserfolg, prosoziales Verhalten, Gruppenleistung, allgemeine Leistung und Zufriedenheit positiv mit Vertrauen in Beziehung stehen.

## 4.1 Ein Rahmenmodell zur Einordnung empirischer Befunde

Die vielfältigen Befunde können durch ein Rahmenmodell zusammengefasst werden, das Einblicke in denkbare Wechselwirkungen zwischen den Merkmalen aufzeigt. Solche Rahmenkonzepte wurden bereits von Kee und Knox (1970) und Stack (1978) unterbreitet, die anhand von Zweierbeziehungen die möglichen sozialen Faktoren systematisieren, welche vertrauensvolles Verhalten erschweren oder begünstigen. Die Interaktion wird dabei aus der Sicht des Handelnden – meistens der „Vertrauensgeber" – in Bezug auf seinen Partner illustriert. Im Einzelnen lassen sich nach Kee und Knox (1970, S. 361) folgende situationale, persönlichkeitsbezogene und auf soziale Wahrnehmung gerichtete Merkmale benennen (vgl. Abb. 11):

- *Frühere Erfahrungen* aus der Kindheit oder aus ähnlichen Situationen in der Vergangenheit, die aktuelles vertrauensvolles Verhalten prägen.
- *Vorbedingungen* im Sinne von *weitgehend festgelegten Grundeinstellungen* oder Werten, die Motivationslage (etwa ein Risiko einzugehen) und konstanten Persönlichkeitseigenschaften. Rotter fasst, wie wir bei der Darstellung seines Fragebogens schon ausführten, generalisiertes Vertrauen als eine weitgehend konstante Persönlichkeitseigenschaft auf.
- *Merkmale des Interaktionspartners*, wie seine Absichten, Kompetenz, Glaubwürdigkeit und Zuverlässigkeit.
- *Situative Faktoren* beziehen sich auf die Kontexte, unter denen Vertrauen auftritt. Diese wären: die Formen der Verstärkung sowie Umwelteinflüsse (kritische Lebensereignisse, Stress).
- *Wechselseitige soziale Wahrnehmung der Partner*, vor allem im Hinblick auf die vermutete Vertrauenswürdigkeit. Jeder der Partner erstellt für sich Annahmen über die Erwartungen und Motive des anderen (Attribution), die sich teilweise aus der Bewertung der Situationen ergeben und auf diese zurückwirken (vgl. Abb. 11). Weitere wichtige Beziehungsmerkmale sind das Kontrollbedürfnis und die Selbstöffnung.
- *Beobachtbare Anzeichen für gegenseitiges Vertrauen*, die sich schon aus der Arbeit von Krumboltz und Potter (1980) ableiten lassen. Es handelt sich dabei um Hier-und-jetzt-Äußerungen, selbstexplorative Äußerungen sowie Bitten um Feedback und Hilfe. Da über diese Aspekte bislang keine empirischen Befunde vorliegen, werden wir erst bei der Darstellung eigener empirischer Arbeiten darauf eingehen.

Die genannten Merkmale können die Bandbreite der empirischen Vertrauensforschung gut verdeutlichen. Wir werden sehen, dass eine Reihe von meist widersprüchlichen Befunden zur wechselseitigen sozialen Wahrnehmung der Partner vorliegen. Für die übrigen Aspekte herrscht ein Mangel an empirischen Ergebnissen. Besonders drastisch trifft dies für die beobachtbaren Anzeichen für gegenseitiges Vertrauen zu – einem Aspekt also, dem wir später noch besondere Beachtung schenken wollen.

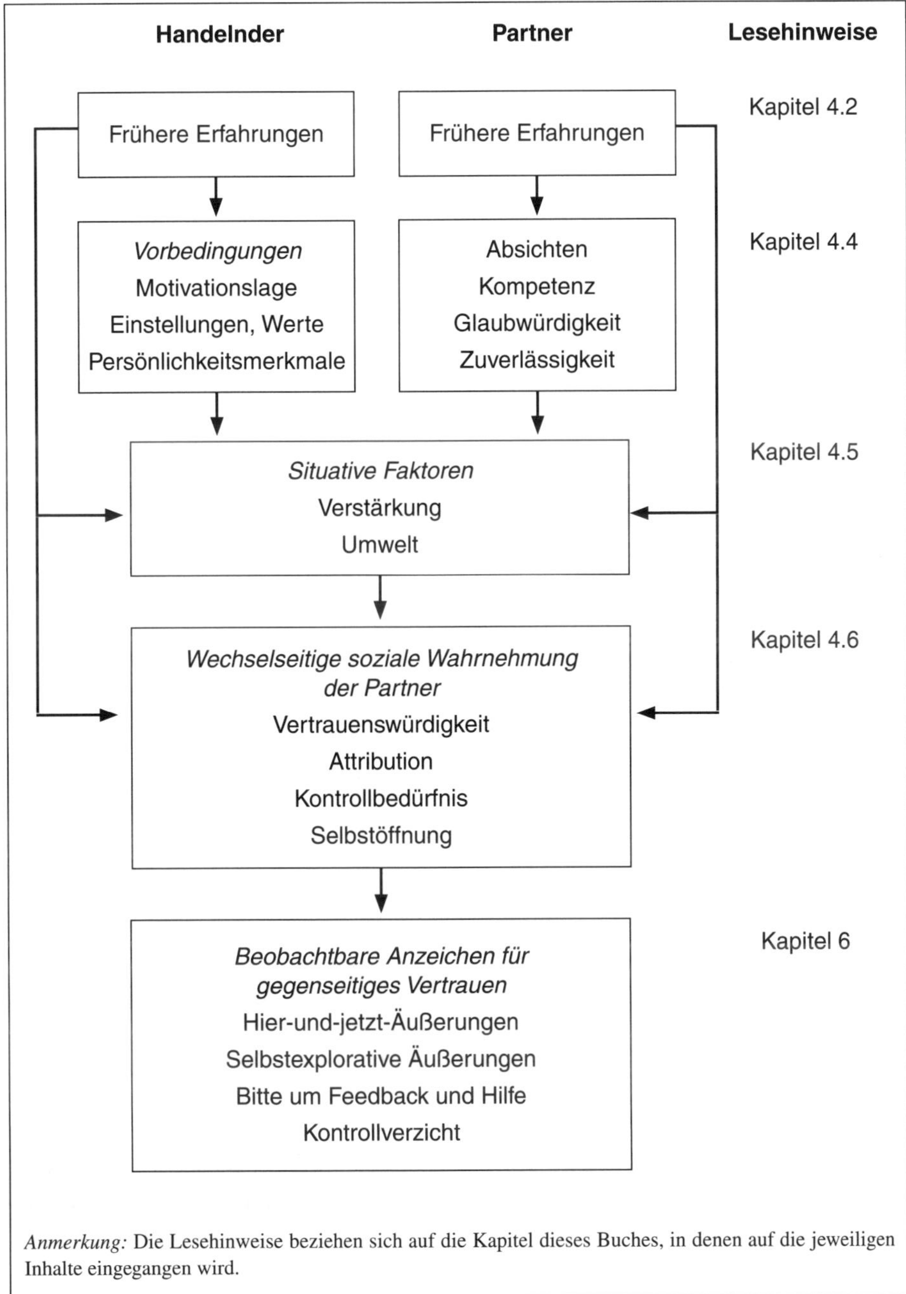


*Anmerkung:* Die Lesehinweise beziehen sich auf die Kapitel dieses Buches, in denen auf die jeweiligen Inhalte eingegangen wird.

**Abbildung 11:** Rahmenmodell möglicher empirischer Befunde zur Vertrauensforschung

## 4.2 Entstehung von Vertrauen

Vertrauen ist über die Zeit betrachtet kein stabiles Merkmal, sondern kann durch interne und externe Faktoren verändert werden. Die Vertrauensforschung zeigt, dass zum Beispiel politische Ereignisse das Ausmaß des Vertrauens in der Bevölkerung beeinflussen. Der Anschlag auf John F. Kennedy und die Watergate-Affäre ließen das allgemeine Vertrauen, sowie Vertrauen in die Politik, in der Bevölkerung sinken (Kassebaum, 2004). Aber auch im Lebenslauf verändert sich Vertrauen, es variiert mit dem Alter und die Indikatoren für Vertrauen verändern sich. Rotenberg (2001) fasst entscheidende Aspekte der Entstehung und Veränderung von Vertrauen über den Lebensverlauf wie folgt zusammen: In der sehr frühen Kindheit (null bis zwei Jahre) gewinnt ein Kleinkind gemäß Eriksons (1963) Theorie zunächst Urvertrauen oder Urmisstrauen und stellt verschiedene Bindungsqualitäten zu den Bezugspersonen her. Vertrauen richtet sich in dieser Phase vor allem auf Familienmitglieder. Außerdem entstehen rudimentäre innere Arbeitsmodelle, welche die Entwicklung späterer Beziehungen beeinflussen (Bernath & Feshbach, 1995). Auf Basis dieser Arbeitsmodelle wird laut Rotenberg (2001) Vertrauen gleichwohl unbekannten Personen auf naive Art und Weise entgegengebracht. Schüchternheit und soziale Zurückhaltung entwickelt sich in diesem Stadium aufgrund von Temperamentsunterschieden (Rotenberg, 2001). Später (zwei bis sechs Jahre) entwickeln Kinder die Fähigkeit, Annahmen über die mentale Vorgänge anderer Menschen zu machen (Theory of Mind) und sind in der Lage zu verstehen, dass Menschen bewusst andere täuschen, um sie etwas Falsches glauben zu lassen. Durch die Fähigkeit, andere Personen zu täuschen, muss man das Konzept und das Verständnis von Vertrauen durch das Element „Ehrlichkeit" ergänzen. Fernerhin erkennen Kinder den Zusammenhang zwischen geäußerten Versprechen und tatsächlichem Verhalten, was zur Entstehung einer Zuverlässigkeitsbasis führt. Darüber hinaus dehnt sich interpersonelles Vertrauen auf eine größere Personenanzahl aus, da sich das soziale Netzwerk vergrößert.

In der mittleren Kindheit (sieben bis 12 Jahre) beeinflussen zwar die Eltern nach wie vor die sozialen Einstellungen ihrer Kinder, gleichzeitig sind diese aber auch zunehmend in den schulischen Kontext und eine Gruppe von Gleichaltrigen eingebunden. Es entwickeln sich außerdem Freundschaften mit Gleichaltrigen. Durch den zunehmenden Austausch von Intimitäten innerhalb der Freundschaften kommt es zur Entwicklung der emotionalen Basis des Vertrauens. Das Vertrauen ist in diesem Lebensabschnitt zwar noch vom Verhalten und den Vertrauensvorstellungen der Eltern abhängig, aber auch immer stärker von Gleichaltrigen beeinflusst, vor allem wenn es um moralische Prinzipien geht. Ebenso gewinnt die Verknüpfung zwischen schulischen Leistungen und Vertrauen an Bedeutung (Bernath & Feshbach, 1995).

### *4.2.1 Entwicklungspsychologische Befunde*

Wichtige entwicklungspsychologische Ergebnisse berichteten Selman und Mitarbeiter (1977) und Selman (1980). Sie stellten eine Abfolge von fünf Stufen zusammen, nach der sich Vertrauen entwickelt. Diese Stufenfolge weist Querbezüge zur Entwicklung des moralischen Urteilsvermögens auf und verdeutlicht, dass Vertrauen in den einzelnen Entwicklungsstadien nach unterschiedlichen Kriterien bewertet wird. Die Abfolge konnten die Autoren in Interviews finden, sie sie mit 125 Kindern und Erwachsenen durchführten. Die im Kasten dargestellten Interviewbeispiele mögen dies illustrieren.

**Fünf Stufen der Entwicklung von Vertrauen (vgl. Selman et al., 1977):**

*Stufe (0): drei bis fünf Jahre.* Die Einschätzung der Vertrauenswürdigkeit erfolgt aufgrund von wahrgenommenen physischen Fähigkeiten.
*Interviewbeispiel:* Ein Vierjähriger traut seinem besten Freund: „Wenn ich dem mein Spielzeug gebe, dann macht der das nicht kaputt … Der ist nicht stark genug dazu.“

*Stufe (1): fünf bis elf Jahre.* Die wahrgenommenen Absichten des Partners werden zur Grundlage der Vertrauensbildung herangezogen, wobei es ausschließlich darum geht, was der andere bereit ist, für einen selbst zu tun.

*Interviewbeispiel:* Eine Fünfjähriger gibt an: „Man traut einem Freund, wenn er tut, was ich ihm sage.“

*Stufe (2): sieben bis 14 Jahre.* Auf dieser Stufe wird der Aspekt der Gegenseitigkeit zum Merkmal von Vertrauen in einer Beziehung. Es wird ein fairer Austausch angestrebt.

*Interviewbeispiel:* Ein Neunjähriger berichtet: „Vertrauen bedeutet, wenn du was für ihn tust, dann wird er was für dich tun.“

*Stufe (3): zwölf Jahre bis zum Erwachsenenalter.* Diese Stufe ist gekennzeichnet vom Glauben an die Beständigkeit einer Freundschaft, in der die Partner gemeinsam durch „dick und dünn“ gehen.

*Interviewbeispiel:* Ein 13-Jähriger beschreibt: „Wenn die Anderen sich was von der Seele reden können, wenn sie mit dir reden; die Dinge passieren in deinem Leben und im Leben des Anderen.“

*Stufe (4): Jugend- oder Erwachsenenalter.* Hier bedeutet Vertrauen in einer Beziehung die Fähigkeit, aufgrund des Glaubens an die Stabilität der Beziehung für Veränderung und Wachstum offen zu sein.
*Interviewbeispiel:* Ein Student antwortet: „Vertrauen bedeutet, dass man wachsen muss, um einen Freund wachsen zu lassen. Je mehr man festhält, desto weniger hat man. Du musst Zutrauen zu dir selbst besitzen, dann wirst du auch Vertrauen in einer Beziehung haben.“

Die Zusammenstellung von Selman et al. (1977) zeigt, dass man erst in der Stufe (2), im Alter von sieben bis 14 Jahren, vertrauensvolles Verhalten vorfindet, wie es in diesem Buch formuliert wurde. Die Stufen (3) und (4) führen dann zu „ausgereiften“ vertrauensvollen Bedingungen, die man als stabil ansieht und von denen man deshalb glaubt, dass sie für Veränderung und Wachstum offen sind. Man sollte diese Stufen des Vertrauens berücksichtigen, wenn man empirische Studien zur Vertrauensbildung bei Kindern bewertet. Man muss jedoch auch Kassebaum (2004) darin zustimmen, dass sich das Selman-Konzept schwer überprüfen lässt. Einige Studien führten Rotenberg und seine Mitarbeiter durch. So untersuchte Rotenberg (1980) in einer Querschnittstudie 48 Kinder danach, aufgrund welcher Kriterien sie eine Person als vertrauenswürdig einschätzen. Im Einzelnen wurden jeweils 16 Kinder im Alter von sechs, knapp acht und knapp zehn Jahren getestet, wobei in jeder Gruppe gleich viele Mädchen und Jungen waren. Rotenberg vermutete, dass Kinder Vertrauen abhängig von ihrem Alter anders einschätzen. So gründen *jüngere Kinder* (im Vorschulalter) ihr Urteil fast ausschließlich auf *beobachtbares Verhalten*, wohingegen ältere Kinder (im Grundschulalter) sich an die *Konsistenz zwischen Versprechen und Verhalten* ihres Partners orientieren. In der erwähnten Untersuchung wurden allen Kindern zwei Typen von Geschichten vorgelesen und deren Inhalte anhand von Bildtafeln veranschaulicht. Im ersten Typ wurde das *Verhalten des Interaktionspartners* variiert. Zwei Kinder kamen vom Spielen nach Hause zurück und das ältere versprach dem jüngeren, seinen Mantel auf den Haken zu hängen oder ihm den Ball vom Schrank zu holen. Das ältere Kind hielt entweder sein Versprechen, oder es hielt es nicht. Im zweiten Typ wurde das *Versprechen variiert*, es wurde versprochen, das Spielzimmer ganz, ein wenig oder gar nicht aufzuräumen. In allen Fällen wurde jedoch nur *ein wenig* aufgeräumt. Insgesamt handelte es sich also um drei Geschichten, in denen das Versprechen, und um zwei, in denen das Verhalten variiert wurde. Für diese fünf Geschichten sollten die Kinder das Verhalten als mehr oder weniger vertrauensvoll einschätzen; zudem wurde nach der Begründung ihres Urteils gefragt. Die Begründungen wiederum mussten Experten danach beurteilen, ob sie eher am Verhalten oder Versprechen des vertrauensvoll Handelnden orientiert waren. Abschließend wurden die Kinder gefragt, welchem der fünf Akteure aus den Geschichten sie ihr Lieblingsspielzeug leihen würden.

Die Ergebnisse belegen, dass der helfende Akteur von allen Kindern höhere Vertrauenswerte erhielt (Typ-1-Geschichte). Bei den Typ-2-Geschichten geben die Acht- und Zehnjährigen demjenigen Akteur die höheren Vertrauenswerte, der sein Versprechen einhielt. Die Vorschulkinder bewerten jenen Akteur am besten, der am meisten versprochen hatte. Die jüngsten Kinder wurden demnach in ihrem Vertrauensurteil nicht von der ausgeführten Hilfeleistung, sondern von der Höhe des Versprechens beeinflusst. Entsprechend fielen auch die Entscheidungen der Kinder aus, wem sie das Lieblingsspielzeug leihen würden. Nur 50 Prozent der Vorschulkinder wählten den Akteur, der sein Versprechen in die Tat umsetzte – bei den Zehnjährigen waren es 100 Prozent. Das Ergebnis stützt die Position von Selman insofern, als jüngere Kinder ihr Vertrauensurteil eindeutig an der Absicht des Interaktionspartners festmachen (vgl. im obigen Übersichtskasten Stufe 1).

Diese Studie konnte für die älteren Kinder die vermuteten Zusammenhänge belegen, für die jüngeren treten jedoch Abweichungen zu den Vorhersagen auf. Rotenberg erklärt dies dadurch, dass sich die jüngeren Kinder aufgrund der Versuchsanordnung besser die Versprechen merken konnten und dadurch vom beobachteten Verhalten ablenken ließen. Darüber hinaus gibt Rotenberg zu bedenken, dass es bei der Verarbeitung von Informationen über Versprechen und Verhalten altersmäßig Unterschiede geben kann.

Die Arbeitsgruppe von Rotenberg (1991) spezifizierte auch einige Entwicklungsparameter. So untersuchten Rotenberg und Pilipenko (1984), welchen Einfluss konsistentes und hilfreiches Verhalten auf die Entwicklung von Vertrauen ausübt. Sie kommen zu dem Schluss, dass Kinder, die zu spät oder gar nicht konsistentes erwünschtes und kooperatives Verhalten zeigen, möglicherweise kein Vertrauen und keine Freundschaften aufbauen können. Vielfach können sich schon in der Kindheit Misstrauensmuster bilden, die die Vertrauensentwicklung einschränken. In manchen Fällen begegnen sich Kinder gegenseitig so massiv mit Argwohn, dass sie kaum mehr miteinander interagieren und eine Wiedergutmachung ausgeschlossen ist.

Rotenberg (1986) prüft die Vermutung, ob Vertrauen die Bereitschaft des Kindes beeinflusst, Geheimnisse und Versprechen zu teilen bzw. zu geben. Es liegen für das Kindesalter Belege vor, dass die Fähigkeit oder die Tatsache, ein Geheimnis zu bewahren der Faktor ist, der gleichgeschlechtliches Vertrauens- und Freundschaftsmuster aufrechterhält. Vertrauen wird sichtbar in der Häufigkeit, mit der jemand Geheimnisse mitgeteilt bekommt und in dem Umfang, in dem man ihm Versprechen gibt. Umgekehrt: Werden Geheimnisse verraten und Versprechen gebrochen, dann geht auch bei Kindern Vertrauen verloren und Freundschaften lösen sich auf. Nach Rotenberg (1986) unterscheiden sich jedoch Jungen und Mädchen. Für Jungen hat Geheimnisbewahren nicht unbedingt etwas mit Vertrauen zu tun, da man möglicherweise zum Geheimnisbruch gezwungen wurde. Aber auch bei Jungen ist Vertrauen für den Aufbau und den Bestand einer Freundschaft zentral (vgl. auch Rotenberg, 1991).

### 4.2.2 Vertrauen im Jugend- und Erwachsenenalter

Durch die fortschreitende moralische Entwicklung, zunehmende Abstraktionsfähigkeiten und sexuelle Entwicklung kommt es zur Veränderung des Vertrauens im Jugendalter (13 bis 19 Jahre). Jugendliche sind in größere soziale Netzwerke eingebunden und beteiligt an sozialen Ereignissen. Dies spiegelt sich darin wider, dass die allgemeine Vertrauensbereitschaft Jugendlicher von gesellschaftlichen Ereignissen abhängig ist. So verringerte sich das Vertrauen amerikanischer Jugendlicher in Staat und Gesellschaft während der sozialen Revolution in den 1960er Jahren (Hochreich & Rotter, 1970). Insgesamt ist das Jugendalter dadurch gekennzeichnet, dass sich Vertrauen auf weitere Bereiche ausdehnt, darunter auf den sexuellen Bereich (Kontrazeption, Schutz vor sexuell übertragbaren Krankheiten), moralische Gesichtspunkte und auf die Gesellschaft an sich. Damit wird Vertrauen um die Zieldimension „generalisierte Andere“ erweitert (Rotenberg, 2001).

Im frühen (20 bis 29 Jahre) und mittleren Erwachsenenalter (30 bis 55 Jahre) stehen das Herstellen längerfristiger intimer Beziehungen und der Eintritt ins Berufsleben im Vordergrund. Dementsprechend ist hier Vertrauen maßgeblich durch die Beziehung zum Partner beeinflusst (Rempel et al., 1985). Das Vertrauen in den Partner ist dabei besonders mit der Liebe zum Partner und dem Glauben, dass der Partner am eigenen Wohlergehen interessiert ist, assoziiert (Rempel et al., 1985). Aber auch Aspekte des Vertrauens am Arbeitsplatz sind von Relevanz (Rotenberg, 2001).

Die Phase des späten Erwachsenenalters (55 bis 75 Jahre) ist dadurch gekennzeichnet, dass Belange der Lebensqualität und körperlichen Funktionsfähigkeit (Gesundheit) in den Mittelpunkt rücken. Etwa ist das Vertrauen älterer Erwachsener davon abhängig, ob sich die eigenen Kinder, Nachbarn und gesellschaftliche Organisationen um die Sicherung der Lebensqualität kümmern. Daneben existiert die Sorge davor Opfer krimineller Übergriffe zu werden, die sich im Bedürfnis nach körperlicher Sicherheit niederschlägt (Rotenberg, 1990). Schließlich liegt das zentrale Vertrauensanliegen im letzten Lebensabschnitt, dem hohen Alter (75 + X Jahre) darin, die Vererbung des persönlichen Besitzes zu klären, weshalb Vertrauen in einzelne Familienmitglieder neu bewertet wird (Rotenberg, 2001).

### 4.2.3 Vertrauen in Partnerschaften

Zusätzlich zu bereits vorgestellten Modellen, die sich mit der Entwicklung von Vertrauen im Allgemeinen beschäftigen, existieren Überlegungen, die den Schwerpunkt auf die Vertrauensentwicklung in intimen Beziehungen legen. Hier lassen sich die Modelle von Rempel et al. (1985) und Simpson (2007, 2010) einordnen.

Rempel und Mitarbeiter (1985) beschreiben ein Stufenmodell mit den Stadien Vorhersagbarkeit, Zuverlässigkeit und Treue auf der letzten Stufe. Innerhalb persönlicher Beziehungen werden verschiedene Motive zur Aufrechterhaltung der Beziehung voneinander abgegrenzt. Es können eine extrinsische, intrinsische und instrumentelle Motivation differenziert werden. Die extrinsische Motivation bezieht sich dabei auf positive Konsequenzen, wie Status oder Geld, welche innerhalb der Beziehung liegen, während mit der intrinsischen Motivation das positive Erleben in einer Gemeinschaft gemeint ist. Bei der intrinsischen Motivation stellt das Miteinander einen Wert an sich dar. Mit der instrumentellen Motivation ist das Aufrechterhalten einer Beziehung aufgrund von Dingen, welche nur innerhalb der Beziehung möglich sind (Liebe, Unterstützung), gemeint.

Laut Rempel und Mitarbeitern (1985) ist es nur dann möglich, die letzte Stufe von Vertrauen (Treue) zu erreichen, wenn instrumentelle Motive zur Aufrechterhaltung der Beziehung überwiegen. Auch sind empirische Befunde für den Zusammenhang zwischen dem Bindungsstil und den drei Stufen des Vertrauens vorhanden. Etwa ermittelte Simpson (2007) negative Korrelationen zwischen allen drei Stufen des Modells und einem ängstlichen Bindungsstil bei Frauen.

Ansonsten fällt die empirische Bestätigung des Stufenmodells von Selman eher bescheiden aus (Kassebaum, 2004). Ebenso wird an der Konzeption Selmans kritisiert, dass die Unterscheidung der drei Stufen inhaltlich nicht gut begründet ist. Weiterhin wird von Rempel et al. (1985) als wesentliches Merkmal für die Entwicklung von Vertrauen die Zeit genannt. Nach heutigem Kenntnisstand muss jedoch angezweifelt werden, dass diese Art der Betrachtung ausreicht, um die komplexen Prozesse hinreichend zu erklären, die für die Entstehung von Vertrauen erforderlich sind (Kassebaum, 2004).

Ein neuer Ansatz zur Entstehung von Vertrauen in Partnerbeziehungen stammt von Simpson (2007, 2010). Sein Modell integriert zentrale Aspekte der Vertrauensforschung (Dreier, 2008). Simpson (2010) formuliert, dass eine Person in einer Situation das Ausmaß der Vertrauenswürdigkeit eines Partners in Abhängigkeit von dessen gezeigtem Verhalten einschätzt. Eine solche Bewertung in einer Situation tritt dabei natürlich und unbeabsichtigt im Alltag auf. Ferner fällen die Interaktionspartner in dieser Situation im Idealfall Entscheidungen, welche die Beziehung unterstützen

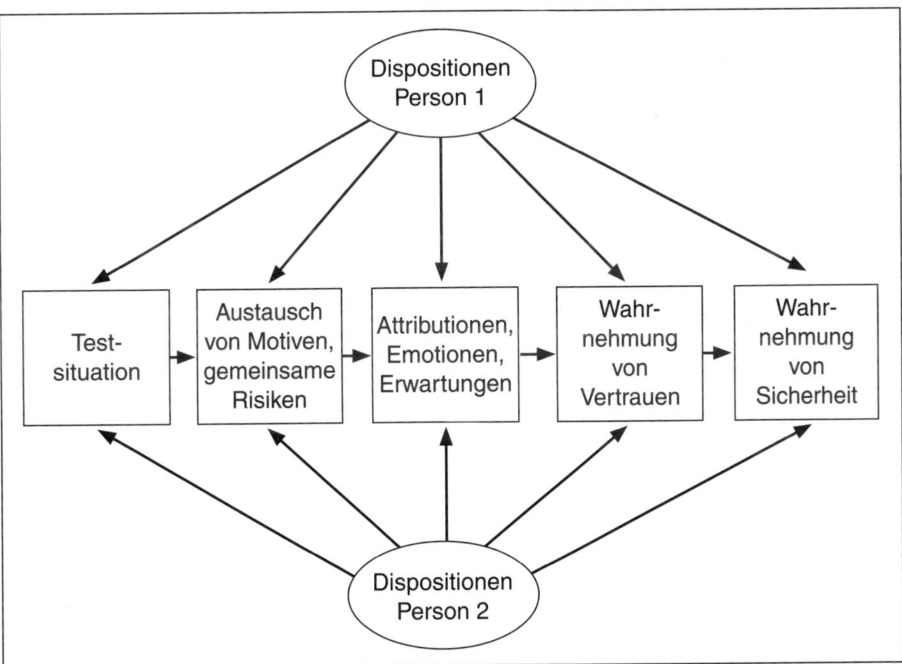


**Abbildung 12:** Dyadisches Modell des Vertrauens in Beziehungen (modifiziert nach Simpson, 2007)

(Simpson, 2010). Im dynamischen Vertrauensmodell werden die Handlungen und Dispositionen beider Partner berücksichtigt. So beeinflussen beide Interaktionspartner die Entstehung und die Entwicklung von Vertrauen, aber auch dessen Verlust und Niedergang.

Wie in der Abbildung 12 veranschaulicht, unterscheidet Simpson (2010) in seinem Modell zwischen normativen und individuellen Komponenten. Die normativen Komponenten sind in der Mitte der Abbildung 12 aufgeführt und beinhalten die situativen, automatisch ablaufenden Bewertungen, den Austausch von Motiven, gemeinsame Risiken, Ursachenzuschreibungen, Gefühle und Erwartungen, sowie die Wahrnehmung von Vertrauen und Sicherheit. Die individuellen Komponenten hingegen hängen von den Eigenschaften der Interaktionspartner ab. Darunter fasst Simpson (2010) Bindungsstil und Selbstwertgefühl einer Person. Darüber hinaus wird eine Feedbackschleife zwischen dem Ausmaß an wahrgenommener Sicherheit und den situativen Bewertungen postuliert.

## 4.3 Entstehung von Misstrauen

Ausgehend vom Alltagsverständnis kann das Ausmaß des Vertrauens auf einem Kontinuum mit den beiden Enden sehr hohes und sehr geringes Vertrauen angeordnet werden. Misstrauen ist demnach mit keinem oder sehr wenig vorhandenem Vertrauen gleichzusetzen. Dies stimmt mit der Betrachtungsweise Rotters (1971) überein, der zwischen vertrauensvollen und misstrauischen Menschen differenziert. Auch Schoorman und Mitarbeiter (2007) gehen davon aus, dass Vertrauen und Misstrauen als die beiden gegenüberliegenden Pole eines Kontinuum verstanden werden können und halten fest, dass es sich dabei um das konventionelle Verständnis dieser Begriffe handelt. In dieser Tradition steht auch Luhmann (1973), der Misstrauen als funktionelles Äquivalent des Vertrauens interpretiert.

Eine andere Auffassung zum Verhältnis zwischen Vertrauen und Misstrauen wird von Lewicki, McAllister und Bies (1998) vertreten. In deren Konzeption werden die beiden Konzepte als voneinander unabhängige Dimensionen betrachtet. Grundlage für diese Argumentation ist, dass zwischenmenschliche Beziehungen vielschichtig und facettenreich sind, das heißt, die Konzeption eines Vertrauenskontinuums diesem nicht gerecht wird (Schoorman et al., 2007).

Vertrauen wird in der Definition von Mayer und Mitarbeitern (1995) mit der Bereitschaft, sich verwundbar zu machen, gleichgesetzt. Demnach bedeutet Misstrauen, dass eine Person keine Risiken eingehen möchte und sich nicht angreifbar machen lässt. Sie glaubt nicht, dass der Interaktionspartner gute Absichten hat. Dies wird ebenso in der Begriffsklärung von Ross, Mirowsky und Pribesh (2001) deutlich. Misstrauen wird von diesen Autoren als „Abwesenheit von Vertrauen in andere Personen" charakterisiert.

### 4.3.1 Entwicklungspsychologische Befunde

Um Einblicke in die Entwicklung von Misstrauen zu bekommen, untersuchten Vanderbilt, Liu und Heyman (2011), inwiefern Kinder von drei, vier und fünf Jahren irreführende Quellen beurteilen können. Sie führten eine Studie mit 90 Kindern durch, je 30 Kinder im Alter von drei, vier und fünf Jahren. Die Kinder betrachteten Filme, in denen eine Person (der Informant) zwei weiteren Personen Hinweise über den Standort eines Objekts gibt, das sich in einer von zwei Boxen befindet. Der Informant konnte entweder „Helfer" sein, der korrekte Hinweise über den Verbleib des Objekts gab, oder ein „Lügner", der falsche Hinweise über dessen Verbleib gab. Nach jedem Film wurde den Kindern ein weiterer Film präsentiert. In diesem Folgefilm gab der Informant aus dem vorherigen Film einen Hinweis direkt an das teilnehmende Kind, bezogen auf den Verbleib eines reellen Objekts in einer der beiden Boxen, die Teil des Versuchsaufbaus waren. Das Kind musste nun entscheiden, in welcher der beiden Boxen sich das gesuchte Objekt befand, in der vom Informanten gezeigten oder in der anderen Box. Der Informant kann im vorherigen Film Helfer oder Lügner gewesen sein. Durch dieses Vorgehen lässt sich untersuchen, ob sich Kinder verschiedenen Alters von dem Verhalten eines Informanten in ihrem eigenen Verhalten beeinflussen lassen. Hierdurch können Rückschlüsse auf die diesem Verhalten zugrunde liegenden Mechanismen und Prozesse gezogen werden.

Die Ergebnisse der Studie von Vanderbilt et al. (2011) zeigen interessante Unterschiede zwischen den verschiedenen Altersgruppen: Dreijährige nahmen alle Hinweise, sowohl von Helfern als auch von Lügnern, an. Vierjährige zeigten zwar mehr Skepsis, nahmen im Endeffekt aber auch alle Hinweise unabhängig vom vorherigen Verhalten des Informanten an. Nur die Fünfjährigen präferierten systematisch die Hinweise der Helfer, wobei auch hier manchmal Hinweise von Lügnern angenommen wurden. Sehr interessant ist hier zum einen das Verhalten der Vierjährigen. Die Dreijährigen scheinen Helfer und Lügner noch nicht unterscheiden zu können, Fünfjährige zeigen durch die Annahme der Hinweise der Helfer, dass sie zwischen Helfern und Lügnern unterscheiden können. Bei den Vierjährigen handelt es sich um einen speziellen Fall, da sie scheinbar, ausgedrückt durch ihre Skepsis, zwar die Lügner erkennen, diese Erkenntnis ihr Verhalten jedoch nicht beeinflusst. Hierfür gibt es verschiedene mögliche Erklärungen, u. a. die Vermutung, dass Kinder im Alter von vier Jahren einen großen Teil ihres Wissens noch nicht effizient in ihr Verhalten integrieren können. Eine weitere mögliche Erklärung ist die Tatsache, dass Kinder im frühen Schulalter oft auf den Wahrheitsgehalt von Aussagen anderer Menschen vertrauen, weil es aus ihrer Sicht der Konvention entspricht, immer die Wahrheit zu sagen (Heyman & Legare, 2005).

Des Weiteren ist interessant, dass auch die Fünfjährigen hin und wieder Hinweise von den Lügnern annehmen. Zwar sind sie im Vergleich zu Vierjährigen nun besser in der Lage, ihr Wissen im Verhalten auszudrücken, sind sich aber scheinbar ihres Wissens noch nicht sicher. Dies zeigt, dass die Fähigkeit zur Deutung von Verhaltensweisen und Intentionen anderer Menschen sich zu diesem Zeitpunkt noch in der Entwicklung befindet. Somit ist einer der Bausteine des Vertrauens noch nicht gelegt (vgl. Kapitel 5.1), es ist dem Kind noch nicht klar, auf welcher Basis es einer Person Vertrauen schenken oder mit Misstrauen reagieren sollte.

### 4.3.2 Herstellung von Vertrauen nach Vertrauensverlust

Mit der Frage, inwieweit sich Vertrauen nach Vertrauensverlust wiederherstellen lässt, beschäftigten sich auch Schweitzer und Mitarbeiter (2006). Sie untersuchen, wie sich ein Versprechen und eine Entschuldigung nach vertrauensschädigendem Verhalten und mutwilliger Täuschung auswirken. In einem Trust Game wurde das Vertrauen von Personen durch ein unwahres schriftliches Statement des Spielpartners getäuscht. Trotz einer Zusage gibt der Spielpartner in den ersten beiden Spielrunden kein Geld an die Versuchsperson zurück. Anschließend verhält sich der Interaktionspartner vertrauenswürdig und erstattet pro Spielrunde 9 $. Darüber hinaus entschuldigt er sich in einigen Varianten des Experiments und/oder verspricht sich zukünftig zu bessern. Die Ergebnisse zeigen, dass ein Versprechen die Wiederherstellung von Vertrauen zwar schneller wiederherstellt als gezeigtes vertrauensvolles Verhalten. Für die Tatsache, ob ein Partner längerfristig wieder vertraut, ist es jedoch gleichgültig, ob ein solches Versprechen gegeben wird oder nicht.

Auch beeinflusste eine Entschuldigung weder kurzfristig noch längerfristig die Wiederherstellung von Vertrauen. Dies überrascht und wird von den Autoren damit erklärt, dass im Gegensatz zum Vertrauensaufbau bei der Wiederherstellung von Vertrauen eine Entschuldigung zu unspezifisch wirkt. Wichtig ist aber vor allem der Befund, dass sich Vertrauen wiederherstellen lässt, nachdem es durch vertrauensschädigendes Verhalten zerstört wurde. Dies widerspricht prinzipiell der Auffassung, dass Vertrauen zerbrechlich und schwer wieder aufzubauen sei (Schweitzer et al., 2006).

Allerdings gilt diese positive Prognose nicht, wenn es sich um die Wiederherstellung von Vertrauen handelt, das durch bewusste Täuschung und ungünstiges Verhalten beschädigt worden ist. In diesem Fall ist Vertrauen nicht vollständig wiederherstellbar. Damit muss unterschieden werden, durch welche Handlungen Vertrauen verlorengegangen ist.

Eine interessante Studie, welche den Zusammenhang verschiedener Arten des Betrugs und deren Auswirkungen auf interpersonelles Vertrauen thematisiert, stammt von Chan (2009). Auf Basis der Ursachenzuschreibung der geschädigten Personen stellt die Autorin eine Typologie von Betrugsarten auf. Merkmale des Betrugs sind:

- die Verletzung vertrauensrelevanter Erwartungen, auf denen die Beziehung zwischen Partnern gründet,
- die Freiwilligkeit der Handlung und
- die Möglichkeit, dass die Handlung das Opfer schädigt (Finkel et al., 2002).

Grundlegend können Betrugsarten danach differenziert werden, ob sich diese aus Versehen, beiläufig oder beabsichtigt ereigneten. Aus Versehen meint, dass eine Person zwar Ursache des Geschehens war, dies aber nicht vorhersehbar und beabsichtigt war. Beiläufig hingegen heißt, dass es für den Handelnden vorhersehbar war, aber das Ergebnis nicht gewollt, und beabsichtigt weist darauf hin, dass die Geschehnisse vom Handelnden bewusst hervorgerufen, das Ergebnis gewollt und zuvor absehbar war.

Chan (2009) unterscheidet zwischen egoistischem, ideologischem, persönlichem und reziprokem Betrug. Dabei sind die ersten beiden Arten beiläufig und die letzten beiden gezielt herbeigeführt. Beim egoistischen Betrug steht die Erfüllung eigener Interessen im Vordergrund und beim ideologischen Betrug sollen die Erwartungen der vertrauenden Person verletzt werden und eventuell dieser Schaden zugefügt werden. Bei persönlichem Betrug ist es das ausdrückliche Ziel des Täters, dem Opfer Schaden zuzufügen. Dasselbe gilt für reziproken Betrug, jedoch mit dem Unterschied, dass der Täter hier zuvor vom Opfer geschädigt worden ist.

Je nachdem auf welche Art und Weise und mit welcher Absicht Vertrauen zerstört worden ist, unterscheidet sich der Wiederaufbau von Vertrauen. Verhaltensweisen, welche in der Vertrauensforschung diskutiert werden sind: Entschuldigen, Wiedergutmachen, Reue und erneutes Aushandeln von Werten mit dem Opfer. Die Wirkung dieser Handlungsmöglichkeiten ist im Übrigen von der Vorgeschichte zwischen Handelndem und Opfer abhängig, sowie der Ernsthaftigkeit der Bemühungen und der Schwere des Betrugs.

Beim egoistischen Betrug werden sowohl die Dimension Wohlwollen, als auch die Integrität des Handelnden verletzt. Chan (2009) bezieht sich hier auf ein Modell von Mayer et al. (1995), worin die Vertrauenswürdigkeit einer Person von den jeweiligen Fähigkeiten, dem Wohlwollen und der Integrität abhängt. Um Vertrauenswürdigkeit wieder aufzubauen, muss die Wahrnehmung von Wohlwollen und Integrität wieder hergestellt werden. Dazu schlägt Chan (2009) Entschuldigung, Rückerstattung und Reue vor. Entschuldigen und Wiedergutmachen sollten dazu führen, dass Wohlwollen wiederhergestellt wird. Integrität kann wiedergewonnen werden, wenn der Täter seine Versprechungen der Entschädigung hält; dasselbe gilt für Reue. Aber auch diese muss durch vertrauenswürdiges Handeln begleitet werden.

Beim ideologischem Betrug wird ebenfalls das wahrgenommene Wohlwollen vermindert. Des Weiteren ist eine Verletzung der Integrität möglich, wenn das übergeordnete Ziel, nach dem sich der Handelnde gerichtet hat, nicht mit den Zielen und Werten des Opfers übereinstimmt. In diesem Fall wird neben Wiedergutmachung und Reue auch das neue Aushandeln von Werten vorgeschlagen, welches die Kongruenz zwischen Normen und Werten der Partner wiederherstellen könnte.

Beschwerlich ist das Wiedergewinnen von Vertrauen nach persönlichem Betrug. Es ist wahrscheinlich, dass interpersonelles Vertrauen hier nicht wieder hergestellt werden kann und dass das Opfer immer die Vertrauenswürdigkeit des Täters anzweifeln wird.

Besser sieht es hingegen bei reziprokem Betrug aus, da hier Integrität und Wohlwollen des Täters in geringerem Ausmaß beschädigt werden. Es wird vorgeschlagen, dass beide Personen ihre Pflicht in der Beziehung neu aushandeln, Reue zeigen und in der Zukunft vertrauenswürdiges Verhalten zeigen, um Integrität und Wohlwollen wiederherzustellen. Schwierig wird dies nur, wenn der Betrug vom Opfer als reine Vergeltung des vorangegangenen Betrugs betrachtet wird (Chan, 2009).

Die bisher aufgeführten Handlungsalternativen orientieren sich an der Perspektive der Person, welche Vertrauen geschädigt hat und im Anschluss versucht, das Vertrauen wiederzuerlangen. Darüber hinaus ist aber auch die Perspektive des Interaktionspartners von großer Wichtigkeit. Es stellt sich die Frage, inwieweit dieser einen Vertrauensbruch verzeihen kann und möchte. Eine Studie, die der Bedeutung des Verzeihens bei verheirateten Paaren nachgeht, stammt von Gordon et al. (2009). Die Autoren gehen davon aus, dass Verzeihen positive und negative Aspekte hat. Positive Aspekte sind dadurch gekennzeichnet, dass weniger Ärger über den Betrug des Partners und höheres Verständnis für diesen vorhanden sind. So kann neues Vertrauen durch Verzeihen entstehen. Die Merkmale negativen Verzeihens sind das Hegen von Groll und das Bedürfnis nach Vergeltung. Überwiegt beim geschädigten Partner das Bedürfnis nach Vergeltung, dann stellt Verzeihen keinen Weg dar, Vertrauen in einer Beziehung wiederzugewinnen.

## 4.4 Vertrauen als Persönlichkeitsmerkmal

Der prominenteste Vertreter dieser Richtung ist Rotter (1971), für den klar ist, dass sich Differenzen in der Vertrauensbereitschaft aufgrund von unterschiedlichen Erwartungshaltungen herausbilden. So gehen vertrauensvolle Menschen positiv an Probleme heran und werden als verlässliche Partner geschätzt. Vertrauen wird – in Anlehnung an Mellinger (1956) – als Zutrauen in die Absichten und Motive anderer Menschen begriffen. Vertrauensvolle Menschen halten demnach andere Personen, Gruppen oder Institutionen ohne größeren Vorbehalt für glaubwürdig und damit vertrauenswürdig.

### *4.4.1 Vertrauensbereitschaft und Persönlichkeit*

Um den Einfluss von Persönlichkeitsausprägungen (Neurotizismus, Extraversion, Offenheit für Erfahrungen, Verträglichkeit und Gewissenhaftigkeit) auf interpersonelles Vertrauen (Allgemeines Vertrauen, Vertrauen in Freunde und Leichtgläubigkeit) abzuklären, führte Berndl (2006) eine Studie durch, in der das NEO-Fünf-Faktoren-Inventar nach Costa und McRae (vgl. Borkenau & Ostendorf, 1993) und zur Erhebung des Vertrauens das Inventar zur Erhebung interpersonellen Vertrauens (IIP) nach Kassebaum (2004) eingesetzt wurde. Ein signifikant positiver Zusammenhang zwischen

Allgemeinem Vertrauen und Extraversion konnte gezeigt werden. Keine signifikanten Zusammenhänge zeigten sich für die anderen Persönlichkeitsdimensionen. Des Weiteren konnte bezüglich der Altersgruppen und deren Ausprägung von Allgemeinem Vertrauen kein signifikanter Unterschied zwischen Jüngeren und Älteren festgestellt werden. Auch das Geschlecht stellt keinen signifikanten Einfluss auf die Vertrauensfähigkeit dar.

### 4.4.2 Vertrauensvolle und misstrauische Personen

Eine Übersicht von Rotter (1980) beschäftigt sich mit einem Vergleich zwischen vertrauensvollen und misstrauischen Personen. Gemeinsam ist beiden Gruppen, dass sie sich nicht hinsichtlich ihrer Leichtgläubigkeit unterscheiden. Ebenso können sie Hinweise auf die Vertrauenswürdigkeit eines Gesprächspartners vergleichbar gut entziffern. Das aber heißt: Vertrauensvolle bringen nicht deshalb ihren Mitmenschen mehr Vertrauen entgegen, weil sie naiv oder blind gegenüber Alltagsgefahren sind, vielmehr besitzen sie ein anderes „Menschenbild". In diesem Sinne findet Rotter folgende Unterschiede:

- Der Vertrauensvolle räumt seinen Mitmenschen einen hohen persönlichen Kredit ein, der solange bestehen bleibt, bis klare Beweise vorliegen, die ein vertrauensvolles Verhalten unmöglich machen. Misstrauische vergeben einen solchen Kredit nicht, sondern gehen davon aus, dass eine vertrauensvolle Beziehung in einem langandauernden „Bewährungsprozess" allmählich – wenn überhaupt – entsteht.
- Vertrauensvolle Personen sind mit hoher Wahrscheinlichkeit gut angepasst und kaum in Konflikte mit anderen verwickelt. Dies hat zur Folge, dass Vertrauensvolle sehr viel Zuwendung von anderen erfahren. So werden sie mit höherer Wahrscheinlichkeit als Partner bzw. Freunde akzeptiert – dies sowohl von vertrauensvollen als auch von misstrauischen Personen.
- Was sich bei Vertrauensvollen öfters als Nachteil herausstellt, dass sie nämlich Mitmenschen aufgrund ihrer Vertrauensbereitschaft ungerechtfertigt einen hohen Kredit einräumen, das schlägt bei Misstrauischen nicht unbedingt ins Positive um. Für diese ergibt sich nämlich das Problem, dass sie aufgrund ihres Misstrauens Kooperationsangebote von wohlwollenden, vertrauenswürdigen Personen zurückweisen müssen.
- Zwischen dem Persönlichkeitszug „Vertrauen" und anderen Verhaltensweisen zeigen sich Wechselwirkungen: So lügen, betrügen und stehlen Vertrauensvolle weniger wahrscheinlich als Misstrauische. Auch sind sie eher bereit, anderen eine zweite Chance zu geben sowie deren Rechte zu achten. Offensichtlich versuchen Misstrauische ihren eigenen Vorteil zu sichern, bevor sie von anderen „übers Ohr gehauen" werden.

Diese Liste gibt keine Auskunft darüber, ob Vertrauensvolle im Vergleich zu Misstrauischen andere zwischenmenschliche Erwartungen aufweisen. So kann man vermuten, dass Vertrauensvolle von ihren Mitmenschen eher Gutes erwarten und ihnen keine

Schandtaten zutrauen. Misstrauische gehen hingegen davon aus, dass man seine Mitmenschen kritisch im Auge behalten muss, dass sie nach ihrem Vorteil trachten und einen „übers Ohr hauen“ wollen. Solche unterschiedlichen Erwartungen können sich etwa darin äußern, dass Misstrauische sensibler für Risiken im Umgang mit anderen sind, dass sie aufgrund vieler Enttäuschungen die Hinterlist und Unzuverlässigkeit ihrer Mitmenschen in vollem Umfang erfahren haben. Misstrauische besitzen beim Vorliegen solcher Erfahrungen eine vielfältige Sammlung von Befürchtungen, Ängsten und Verdachtsmomenten, die einem in einer solchen Situation gefassten Entschluss, Mitmenschen zu vertrauen, eine ganz andere Bedeutung zumisst, als wenn dies von vertrauensvollen Personen erfolgt. Auf diesem Hintergrund ist der Gedanke nicht abwegig, dass für vertrauensvolle und misstrauische Personen der Schritt „Vertrauen zu zeigen“ unterschiedlich schwer ist.

### 4.4.3 Befunde mit dem Rotter-Fragebogen

Die Erforschung des Vertrauens als Persönlichkeitsmerkmal erfolgt häufig mit dem Rotter-Fragebogen. Das trifft auch auf die bisher berichteten Ergebnisse zu, die im Rahmen der Entwicklung eines Fragebogens von Rotter (1967) selbst vorgelegt wurden. Wir wollen diese durch weitere Befunde ergänzen. So erzielten Pereira und Austrin (1980) in einer Studie an 80 College-Studentinnen einen positiven Zusammenhang zwischen Vertrauen und der hypnotischen Beeinflussbarkeit (Suggestibilität). Die Autoren weisen darauf hin, dass Vertrauen Angst verringert und dadurch die Wirkung von Hypnose begünstigt. Ebenfalls an College-Studenten konnten Katz und Rotter (1969) nachweisen, dass die Vertrauensmaße der Studenten und ihrer Väter in einer positiven Beziehung miteinander stehen. Die Annahme Rotters, dass das Unvermögen, anderen – namentlich Eltern, Lehrern und Politikern – zu trauen, kriminelles Verhalten fördert, konnten Austrin und Boever (1977) im Rahmen einer Gegenüberstellung von delinquenten und nicht delinquenten Jugendlichen nicht bestätigen. Cash und Mitarbeiter (1975) konnten eine Beziehung zwischen dem Rotter-Fragebogen und einem „Verhaltensmaß“ von Schutz (1967), das die Aufgabe stellt, sich vertrauensvoll nach hinten in die Arme eines Partners fallen zu lassen, nachweisen. Leider ist dieser Maß sehr intuitiv und schwer begründbar, werden sich doch Personen, die körperliches Geschick besitzen und ihrem motorischen Reaktionsvermögen trauen, eher zu solchen Übungen bereit erklären.

Ein weiteres Ergebnis, das Garske (1976) mit dem Rotter-Fragebogen erzielte, ist ebenfalls mit Vorsicht zu betrachten. Der Autor stellte eine Beziehung zwischen dem Faktor Alaxia/Vertrauensvoll (L–) vs. Protension/Misstrauisch (L+) aus dem 16 PF (einem Persönlichkeitsfragebogen, dt. von Schneewind & Graf, 1998) und dem Rotter-Fragebogen fest und folgerte daraus, dass Vertrauen eine stabile Persönlichkeitseigenschaft darstellt. Solche Korrelationen mit einem anderen Fragebogen können jedoch nie verallgemeinert werden, da erst die wiederholte Messung von Vertrauen im Zeitverlauf eine endgültige Aussage ermöglicht.

In der Zukunft ist die Frage zu klären, ob man überhaupt von Fragebögen wie dem Rotterschen auf vertrauensvolles Verhalten schließen kann. Schon eine Studie von Hamsher et al. aus dem Jahre 1968 zeigte hier geringe Zusammenhänge, belegt sie doch lediglich eine hohe Korrelation zwischen dem Persönlichkeitszug „Vertrauen" und der Bereitschaft, politische Informationen vorbehaltlos zu akzeptieren.

Pearce (1974) wies nach, dass der Rotter-Fragebogen wenig Vorhersagewert für das Verhalten einer Person in einer konkreten Alltagssituation besitzt – vor allem dann, wenn sich die Interaktionspartner schon kennen. Für Verhaltensvorhersagen eignen sich jene neueren Ansätze zur Erklärung von Vertrauen besser, die die subjektive Wahrnehmung der Interaktionspartner betonen (vgl. Gurtman & Lion, 1982). Offensichtlich spielt die Wahrnehmung der Interessen und Motive anderer in einer gegebenen Situation eine wichtige Rolle, wie schon Conviser (1973) zeigte. In einer Analyse wiesen Stack (1978) und Thorslund (1976) der Ursachenzuschreibung bestimmter Eigenschaften, wie der Zuschreibung von Glaub- und Vertrauenswürdigkeit, einen zentralen Stellenwert zu. Wir werden noch darauf zurückkommen.

Zunächst müssen wir uns noch einem Teilbereich der Vertrauensforschung zuwenden, in dem der Rotter-Fragebogen nicht zur Anwendung kam: der Frage nach einem Zusammenhang zwischen Persönlichkeitsmerkmalen und vertrauensvollem Verhalten bei beiden Geschlechtern. Diesbezügliche Studien wurden mit Hilfe des Gefangenen-Dilemma-Spiels durchgeführt.

### 4.4.4 Vertrauen und Geschlecht

Im Rahmen der Diskussion der Fragebögen zur Erfassung spezifischen Vertrauens wurde darauf hingewiesen, dass Frauen und Männer unterschiedliche Aspekte von Vertrauen betonen (vgl. Johnson-George & Swap, 1982). Ganz bezeichnend war hierbei der Aspekt des physischen Vertrauens (körperliche Sicherheit bzw. Wohlergehen), den Frauen sich offensichtlich eher eingestehen können als Männer. Andere Autoren heben hervor, dass Frauen bei Anwendung der Skala zur Erfassung von Meinungen über die menschliche Natur vertrauensseliger urteilen als Männer (vgl. Wrightsman, 1974). Im Gegensatz dazu legten die Befunde von Terrell und Barrett (1979) nahe, dass Männer – hier Psychologiestudenten im ersten Studienjahr – vertrauensseliger sind als Frauen. Zudem war Vertrauensbereitschaft eher in den oberen sozioökonomischen Schichten als in den unteren und eher bei weißen als bei schwarzen Studenten ausgeprägt. Glaubt man der Übersicht von Stack (1978), dann muss man diese Ergebnisse, insbesondere die schichtspezifischen, anzweifeln. Der Autor berichtete lediglich über niedrigere Vertrauenswerte in Fragebögen bei afroamerikanischen Personen (im Vergleich zu Weißen). Hingegen treten geschlechtsspezifische Effekte am ehesten bei Anwendung der Skala zur Erfassung von Überzeugungen über die menschliche Natur und bei dem Gefangenen-Dilemma-Spiel auf.

In zwei empirischen Studien untersuchten Brickman und Mitarbeiter (1979) den Zusammenhang zwischen den Bedingungen im Gefangenen-Dilemma-Spiel und dem Geschlecht im Bezug auf Vertrauen und die vermutete Spielmotivation. Als Bedingungen wurden gewählt:

- *Gleichzeitige Interaktion:* Dies entspricht dem „normalen" Gefangenen-Dilemma-Spiel, in dem beide Spieler gleichzeitig handeln, ohne vorher Informationen austauschen zu können. Die Spielzüge erlauben keinen Schluss auf die Spielmotivation und die Spieler bleiben im Unklaren darüber, ob sie den richtigen Zug wählten oder was gerade für den Bevorzugten sprach.
- *Kontinuierliche Interaktion:* Die Spieler ziehen nicht gleichzeitig, sondern Spieler A macht seinen Zug, teilt diesen dem Spieler B mit, woraufhin dieser zieht und dies A mitteilt. Dieser Zug ist dann sowohl Reaktion auf A als auch Eröffnungszug von B für den nächsten Durchgang. Die Abfolge der Spielzüge steht damit in einer engen Beziehung, das heißt die Spielzüge erlauben – ähnlich der alltäglichen Interaktion – Rückschlüsse auf die Spielmotivation des Partners und führen aus diesem Grund zu erhöhter Kooperation.
- *Alternierende Interaktion:* Zuerst zieht Spieler A, teilt seinen Zug B mit, dann zieht B. Danach beginnt B, zieht und teilt dies A mit, woraufhin A zieht etc. In dieser Anordnung besteht für den Spieler B bei einer Wahl keine Unsicherheit, da er durch die Information über die vorher getroffene Entscheidung des Partners auch dessen Motivation erschließen kann. Alternierend heißt das Vorgehen deshalb, weil im nächsten Zug der Spieler A als zweiter dran ist und somit alle Informationen über das Verhalten und die zugrunde liegende Motivation von Spieler B in der Hand hat.

Brickman und Mitarbeiter (1979) zeigten, dass Männer in der Regel die Information aus der Interaktion mit dem Partner besser auswerten und auf diesem Hintergrund kooperativer sind. Offensichtlich gelingt es nur Männern, Kooperationsinteressen und Kooperationsverhalten bei sequenziellen Interaktionen zu praktizieren. In dieser Anordnung liegt Kooperationsbereitschaft (vertrauensvolles Verhalten) dann vor, wenn Schlüsse über die Motivation des Partners möglich sind; dies trifft vor allem für alternierende Interaktionen zu, da sie die umfassendste Informationsmöglichkeit für den Partner bieten.

Aus den gefundenen Unterschieden zwischen Frauen und Männern wurden folgende Schlüsse gezogen:

- Bei steigender Information bestehen zwischen Frauen und Männern keine Unterschiede in den Schlüssen, die sie über die Motivation des Gegenübers anstellen.
- Im Gegensatz dazu gelingt es nur den Männern, bei steigender Information ihr Kooperationsverhalten zu erhöhen. Die Autoren führen dieses Ergebnis bei Frauen auf die Tatsache zurück, dass bei alternierender Interaktion Mitleid mit dem Partner keine Rolle spielt. Es wird hierbei unterstellt, dass durch Mitleid kooperatives Verhalten verstärkt auftritt.

Das zuletzt genannte Mitleidsargument ist nicht unbedingt stichhaltig, da das Gefangenen-Dilemma-Spiel nach Pruitt und Kimmel (1977) eher als strategische als soziale Interaktionssituation erlebt wird. Zur Aufklärung der Geschlechtsunterschiede im Gefangenen-Dilemma-Spiel kann die Untersuchung von Lacy (1978) mehr beitragen.

Lacy (1978) zeigt anhand einer Stichprobe von 236 Studierenden, dass Frauen und Männer

- verschiedene Annahmen über die Natur des Menschen besitzen (erfasst mit der Skala von Wrightman, vgl. Kapitel 2.1.1),
- unterschiedliche Erwartungen an den Spielpartner bezüglich des ersten Zuges aufweisen sowie
- verschieden auf das anfängliche Spielverhalten des Gegenübers reagieren.

In der Tat besaßen Frauen nach der Wrightman-Skala ein positiveres Menschenbild; dieser Befund wies jedoch weder zu ihren anfänglichen Erwartungen noch ihrem anfänglichen Spielverhalten einen Bezug auf. Frauen hatten eine eindeutig höhere Erwartung an die Kooperationsbereitschaft des Gegenübers (im ersten Zug), wobei dies mit ihrem eigenen anfänglichen kooperativen Verhalten in Beziehung stand. Da Frauen häufiger als Männer in der Anfangsphase des Spiels das Kooperationsverhalten ihres Partners falsch einschätzten, erlebten sie mehr Enttäuschungen und kooperierten in der darauffolgenden Phase auch seltener. Mit fortschreitendem Spielverlauf bestimmt dann immer mehr das wechselseitige Verhalten die weiteren Züge der Spieler. Die Effekte sind dabei für Frauen und Männer unterschiedlich:

- Für *Männer* waren wechselseitiger Wettbewerb im ersten Zug und wechselseitige Kooperation in den folgenden Zügen die wichtigsten Entscheidungsfaktoren. Ab dem dritten Zug konnte man anhand des unmittelbar vorausgegangenen Verhaltens des Gegenübers am Besten das kooperative Verhalten vorhersagen.
- Für *Frauen* war ebenfalls der wechselseitige Wettbewerb im ersten Zug das beste Vorhersagemaß. Für den gesamten Spielverlauf ließ jedoch die eigene gerade vorhergehende Entscheidung für weiteres Verhalten die besten Prognosen zu.

### 4.4.5 Vertrauen und andere Persönlichkeitsmerkmale

Rotton und Mitarbeiter (1977) untersuchten, ob es bei mehr oder weniger dogmatischen Persönlichkeiten Unterschiede in der Bewertung der Vertrauenswürdigkeit verschiedener Informationsquellen gibt. Sie wiesen nach, dass Quellen, die neutrale Positionen vertreten, am vertrauenswürdigsten wahrgenommen werden. Wird die neutrale Position verlassen, schwindet das Vertrauen, wobei man weniger Vertrauen in Quellen setzt, die von einer negativen zu einer positiven Position schwenken. Überhaupt bewirken negative Informationen mehr Vertrauen als positive. Dies trifft allerdings nur für Personen mit starren, dogmatischen Einstellungen zu, die im Allgemeinen verstärkt dazu neigen, Quellen abzuwerten, die ihre Erwartungen verletzen.

Dieser Befund dürfte auch für zwischenmenschliches Vertrauen Gültigkeit besitzen und sich in der zugeschriebenen Glaubwürdigkeit des Partners widerspiegeln (vgl. Köhnken, 1990).

Deutsch (1960) fand im Rahmen eines Experimentes, das auf dem Gefangenen-Dilemma-Spiel basierte, Korrelationen zwischen der Faschismus-Skala und Vertrauen. Nach diesem Befund wären Personen mit *hohen Faschismus-Werten* weniger vertrauensvoll als solche mit niedrigen. Dieser Befund lässt sich mit der Studie von Rotton et al. verknüpfen, da Personen mit starren, dogmatischen Einstellungen eher zu autoritären bis hin zu faschistischen Wesenszügen neigen. Das Ergebnis von Deutsch konnte Wrightman (1966) nicht bestätigen, wobei von diesem Autor Vertrauen allerdings anders definiert wurde.

Eine Reihe von Bemühungen, die Bedeutung von Persönlichkeitsmerkmalen für vertrauensvolle Beziehungen zu unterstreichen, schlug völlig fehl. So konnte Tedeschi (1974) in einer Vielzahl von Experimenten keine Belege dafür finden, dass die *Attraktivität eines Partners* das Ausmaß des zwischenmenschlichen Vertrauens nachhaltig prägt. Insgesamt überwiegen negative Befunde im Bereich der persönlichkeitspsychologischen Begründung von zwischenmenschlichem Vertrauen. Da zudem die wenigen positiven Befunde vorwiegend mit dem Rotter-Fragebogen erzielt wurden und dessen Aussagekraft als problematisch einzuschätzen ist, müssen auch mögliche zukünftige Bemühungen in diese Richtung pessimistisch bewertet werden.

## 4.5 Vertrauen als Situationsmerkmal

Etliche Autoren weisen den situationalen Faktoren des Vertrauens eine zentrale Bedeutung zu, wie es etwa schon Driscoll (1978) für den Prozess der Entscheidungsfindung im Marketingbereich diskutiert. Dazu gehören situative Merkmale und Aspekte, welche aus einer Kombination der Basismerkmale (Merkmale der vertrauenden Person, Eigenschaften der Vertrauensperson und Situation) hervorgehen.

Wir wollen von Situationsmerkmalen immer dann sprechen, wenn ein Einfluss von Kontextbedingungen auf Vertrauen vorliegt. Zum Beispiel stärkt die Anwesenheit einer dritten unbeliebten Person das dyadische Vertrauen von zwei Personen (Gennerich, 2000). Es handelt sich dabei um Merkmale der *Verstärkung* und der *Umwelt* (belastende Ereignisse, Stress usw.), die den Aufbau von Vertrauen begünstigen oder verhindern, da sie das Risiko und die Ungewissheit im Umgang mit anderen mitbestimmen. In diesem Kontext berücksichtigen wir auch empirische Studien, die belegen, in welcher Form sich durch vertrauensvolles Verhalten belastende Situationen bewältigen lassen.

### 4.5.1 Vertrauen und Verstärkung

Neben Arbeiten, die sich den Einflussfaktoren des Vertrauens widmen, wurden auch die Auswirkungen des Vertrauens auf das Individuum und die Gesellschaft diskutiert. Dabei wurden meistens die positiven Auswirkungen des Vertrauens erforscht. Rotenberg (2001) fasst zusammen, dass sich zwischenmenschliches Vertrauen auf mehrere Lebensbereiche günstig auswirkt. Zwischenmenschliches Vertrauen spielt eine wichtige Rolle in Freundschaften, Liebesbeziehungen und Beziehungen am Arbeitsplatz. Personen, die mehr zwischenmenschliche Probleme wahrnehmen, haben weniger Vertrauen in ihre Mitmenschen und vertrauensseligere Menschen berichten weniger über zwischenmenschliche Schwierigkeiten. Gleichsam sind vertrauensvollere Menschen mit ihrem Leben zufriedener (Kassebaum, 2004). Ferner ist die Bereitschaft eines Menschen zu vertrauen mit einer besseren körperlichen und psychischen Gesundheit sowie höheren kognitiven Leistungen verknüpft (Kassebaum, 2004). So ermittelten Barefoot und Mitarbeiter (1998) einen Zusammenhang von interpersonellem Vertrauen mit Gesundheit und Wohlbefinden im Alter. Darüber hinaus sind vertrauensvolle Personen angepasster, haben weniger Konflikte, werden als Freunde bevorzugt und wirken auf das andere Geschlecht sexuell attraktiver (Kassebaum, 2004). Negativ wirken auf Vertrauen Merkmale wie Lügen, Stehlen, Delinquenz, Einsamkeit und Depression (Kassebaum, 2004). Sturgis und Mitarbeiter (2009) beschreiben, dass allgemeines Vertrauen u. a. mit demokratischen Regierungsformen, einem geringerem Ausmaß an politischer Korruption, Einkommensgleichheit und geringeren Delinquenz- und Kriminalitätsraten in Zusammenhang steht. Selten untersucht worden sind negative Auswirkungen des Vertrauens (Gennerich, 2000).

Schon Solomon (1960) stellte sich die Frage, ob man mit äußerem Druck (Macht) oder durch die gezielte Verstärkung vertrauensvolles Verhalten besser aufbauen kann. Das Ausmaß an Macht wurde anhand des Gefangenen-Dilemma-Spiels dadurch variiert, dass die Spieler unterschiedlich gut ihr Ergebnis selbst beeinflussen konnten. Es stellte sich heraus, dass das Vertrauen des weniger mächtigen Spielpartners erst dann allmählich anstieg, als sich die Machtkonstellation zwischen den Spielern annäherte. Bei gleicher Machtverteilung wurde einem uneingeschränkt kooperierenden Partner weniger vertraut als einem bedingt kooperierenden Partner. Für den Aufbau von Vertrauen heißt dies, dass Vertrauen nicht durch äußeren Druck (Macht) erzwungen werden kann und sich am besten bei gleichmächtigen Partnern aufbaut. Die gezielte Verstärkung erwies sich gegenüber bedingungsloser Kooperation als überlegen. Offensichtlich wird also ein kritisch entscheidender, jedoch überwiegend kooperierender Partner als besonders vertrauensvoll angesehen. Unkritische „Jasager" genießen nach dieser Studie demnach weniger Vertrauen bei ihren Mitmenschen.

Hake und Schmid (1981) sehen im zeitweiligen Aufschub von Belohnungen ein Maß für Vertrauen. Ihre Studie verdeutlichte, dass Vertrauen nur unter dem Einsatz von äußeren Verstärkern erfolgt: durch vertrauensvolles Verhalten kann eine Aufgabe schneller gelöst und eine Arbeitsersparnis erreicht werden. Wir gehen auf diese Studie genauer ein.

Hake und Schmid (1981) gingen von der sogenannten Equity-Theorie aus, die ein Handeln nach dem Gerechtigkeitsprinzip beschreiben will. Dabei wird unterstellt, dass Verhalten in zwischenmenschlichen Beziehungen nicht ausschließlich an egoistischen Motiven, sondern auch an gut gelernten Austauschregeln orientiert ist. Nach dieser Theorie verhält sich jemand vertrauensvoll, wenn er zeitweise auf seine berechtigten Ansprüche zugunsten eines Partners verzichtet. Vertrauen bedingt insofern einen Aufschub von Belohnung; es treten kein Wettbewerb und die Verstärkung ein, vielmehr wird ein langfristiger Gleichstand erwartet.

In der Studie von Hake und Schmid lag gerechtes Verhalten dann vor, wenn beide Teilnehmer an einem experimentellen Spiel gleichhäufig Verstärkung erfahren. Je länger die Belohnung aufgeschoben wird, desto größer ist das Vertrauen. Durch diese Definition von Vertrauen kann man *passives Vertrauen* von *aktivem* unterscheiden. Bei *passivem Vertrauen* duldet man, dass der Partner über längere Zeit alleine Verstärker erhält bzw. nimmt. Von *aktivem Vertrauen* ist die Rede, wenn dem Partner aktive Verstärker zugeteilt werden. Dieses Vorgehen gestattet auch, das Vertrauensmaß zu variieren. Bei *minimalem Vertrauen* würden die Partner die Verstärker Zug für Zug unmittelbar, bei *maximalem Vertrauen* dagegen ungleich, das heißt über längere Zeiträume aufteilen.

An der Untersuchung von Hake und Schmid (1981) nahmen 26 Studierende teil, die in einem Spiel mit jeweils zwei Personen entscheiden mussten, wie leicht zu lösende Aufgaben, für die es dann Geld gab, unter ihnen aufgeteilt werden sollten. Die Akteure konnten verschiedene Wege wählen, in welcher Abfolge sie sich die Aufgaben zur Bearbeitung zuspielten. Das Zuteilen oder Erkämpfen der Aufgabe war für die Zweiergruppen verschieden aufwendig. Dies ergab sich daraus, wie häufig ein 2.7 kg schweres Gewicht durch einen Hebel betätigt werden musste, um eine Entscheidung über die Aufgabenverteilung treffen zu können. Jeweils gleichgeschlechtliche Studierende hatten eine Folge von Versuchen durchzuführen, wobei eine Gruppe den Hebel viermal, die zweite Gruppe 30-mal und die dritte 60-mal betätigen musste, um eine Aufgabe zu erhalten.

Bei der dritten Gruppe wurde dann nach der Hälfte der Durchgänge die Hebeldruckrate auf viermal gesenkt, um zu überprüfen, ob ein einmal erworbenes vertrauensvolles Verhalten auch bei „geringen Kosten" bestehen bleibt. Wenn kein Spieler den Hebel bewegte, wurde eine Aufgabe und damit die nahezu sichere Gewinnchance automatisch einem Spieler zugewiesen, wobei vorher angezeigt wurde, wer gegebenenfalls die Aufgabe erhalten würde. Standen beide Spieler im Wettbewerb, dann konnte derjenige entscheiden, der die Hebelfolge zuerst abgearbeitet hatte. Auch bei dieser Studie vermochten die Spieler also wieder zwischen einem kooperativen und Wettbewerbsverhalten zu wählen, wobei der Aufwand für Wettbewerb (= Anzahl der Hebelbewegungen) in den einzelnen Untersuchungsbedingungen verändert wurde.

Hake und Schmid (1981) zeigten, dass sich Vertrauen schrittweise anhand *unmittelbarer Verstärkung* (= Erhalt von Geldbeträgen) entwickelt und zwar besonders rasch, wenn die externe Kontingenz hoch ist, das heißt ein großer Aufwand für die Aufgabenverteilung durch die „Hebelbewegung" vorliegt und somit die Spieler aus Gründen der Arbeitsersparnis das *passive Vertrauen* wählen. Sobald jedoch vertrauensvolles Verhalten aufgebaut ist, bedarf es dieser unmittelbaren Verstärkung nicht mehr, da gelernt wurde, dass es sich lediglich um einen zeitlich begrenzten Belohnungsaufschub handelt und ein Ausgleich durch das vertrauensvolle Verhalten des Mitspielers immer wieder herbeigeführt wird. Einen weiteren Hinweis auf den Prozess der Vertrauensbildung leiten Hake und Schmid (1981) daraus ab, wie häufig die Studierenden ihren Kontostand überprüften. Vertrauensvolle prüften weniger als Misstrauische, wobei die Abrufrate des Kontostandes gegen Ende der Sitzungen geringer wurde.

### 4.5.2 Vertrauen und Umwelt

House und Wolf (1978) beschäftigte die Frage, ob sich Menschen in städtischen Gegenden weniger vertrauensvoll und hilfsbereit *verhalten* als Personen in eher ländlichen Gebieten. Wäre ein solches Verhalten zu beobachten, dann könnte man dies *nicht* mit einer generellen Einstellung zu Vertrauen und Hilfsbereitschaft gleichsetzen, sondern müsste es als Anpassung an den Situationsdruck der gegebenen Umwelt interpretieren. Der Analyse wurde eine repräsentative Stichprobe Wahlberechtigter der US-amerikanischen Präsidentschaftswahlen zugrunde gelegt. Es handelt sich bei den Daten um Umfrageergebnisse zu den Präsidentschaftswahlen der 1950er bis 1970er Jahre.

In einer Teilstudie definierten House und Wolf (1978, Studie II) vertrauensvolles und hilfsbereites Verhalten darüber, ob Personen bei den Umfragen zur den Präsidentschaftswahlen die *Auskunft verweigerten.* Die Ergebnisse bestätigen die Hypothesen folgendermaßen: Von 1956 bis 1964 waren nur die Bewohner von ländlichen Gegenden vertrauensvoller als die Bewohner größerer Städte, wobei die Unterschiede zwischen Wohngegenden am besten als ländlich vs. nicht ländlich beschrieben werden konnten. In der zweiten Hälfte der 1960er und der ersten Hälfte der 1970er Jahre entstanden beachtliche Unterschiede zwischen den Verweigerungsraten von Städten verschiedener Größe und Alters. Alte Städte aller Größen und neue große Städte wiesen die höchsten Verweigerungsraten auf. Damit zeigen die Daten, dass Stadt-Land-Unterschiede nicht durchgängig auftreten, sondern von zeitlichen Einflüssen abhängig sind, was wiederum den Nutzen belegt, Städte nach Alter und Größe zu unterscheiden. Im Übrigen war vertrauensvolles Verhalten von situationalen Faktoren wie auch von zeitabhängigen gesellschaftspolitischen Bestrebungen beeinflusst.

Weitere Hinweise auf Zusammenhänge zwischen Vertrauen und geografischen Faktoren stammen von Greenberg und Williams (1999). Leben Menschen in noblen Wohngebieten neigen sie zu höherem Vertrauen in Wissenschaft und Technik, und folglich zu einem höheren Systemvertrauen, als Personen in schlechten Wohngegenden.

Eine interessante Veröffentlichung von Bjørnskov (2007) beschäftigt sich mit länderübergreifenden gesellschaftlichen Einflussfaktoren auf generalisiertes Vertrauen in der

Bevölkerung. Die Ergebnisse offenbaren, dass insbesondere soziale Polarisation in Form von Unterschieden im Einkommen und ethnischer Vielfalt Vertrauen reduziert. Bei sozialer Polarisation handelt es sich um den bedeutsamsten Vertrauensfaktor im länderübergreifenden Vergleich (Uslaner, 2002; Zak & Knack, 2001). Protestantismus und das Vorliegen einer Monarchie, wie in Norwegen, Schweden oder Großbritannien, indessen erhöhen das Ausmaß generalisierten Vertrauens. Die geringste Vertrauensbereitschaft besteht in postkommunistischen Ländern (Bjørnskov, 2007).

Ein wichtiger Punkt, auf den an dieser Stelle unbedingt eingegangen werden muss, ist die Tatsache, dass Ursachen und Korrelate von Vertrauen kulturspezifisch ausgeprägt sind. Eine Reihe von Studien weist darauf hin, dass sich Menschen aus freiheitlichen und kollektivistischen Gesellschaften in vertrauensrelevanten Indikatoren unterscheiden. Welche Bedeutung dispositionale und situative Aspekte bei der Entstehung von Vertrauen aufweisen, hängt von kulturspezifischen Faktoren ab (Möllering, 2006). Dies gilt besonders dann, wenn keine weiteren Erfahrungen mit dem Interaktionspartner vorliegen.

Die Annahme, dass Ereignisse vor allem durch personenbezogene Merkmale erklärt werden können, kommt häufiger in freiheitlichen Gesellschaftsformen vor. Zugrunde liegt der sogenannte *Korrespondenz-Bias*, ein Fehler, bei dem situative Faktoren bei der Ursachenzuschreibung vernachlässigt werden. Stattdessen stützt man sich auf Eigenschaften von Personen, um Geschehnisse zu erklären und zukünftiges Verhalten vorhersagbar zu machen (Choi et al., 1999).

Eine andere Gruppe von Studien beschäftigt sich mit dem Zusammenhang zwischen *Vertrauen* und *belastenden Ereignissen* oder Stress und deren möglichen *Bewältigungsformen* (vgl. Beard, 1982). Schill und Mitarbeiter (1980) klärten die Frage, ob Vertrauen – definiert durch den Rotter-Fragebogen – die Effekte von Alltagsstress mindert. An 120 Psychologiestudierenden in Anfängerkursen wurde anhand einer Liste die Anzahl der stresserzeugenden Ereignisse des letzten Jahres bestimmt und ihr positiver oder negativer Einfluss festgehalten. Die Ergebnisse belegten, dass misstrauische Personen sich stärker durch Stress belastet fühlten als vertrauensvolle. Die Autoren stellten noch einen weiteren interessanten, wenngleich nur schwach ausgeprägten Zusammenhang fest: Personen, die sich machtlos fühlen, neigen dazu, anderen weniger stark zu trauen als jene, die kritische Ereignisse und Situationen vorhersagen und kontrollieren können.

Beard (1982) ging in einer Korrelationsstudie an 105 Professoren, Studierenden und Universitätsangestellten (Alterspanne von 20 bis 65 Jahren) der Frage nach, inwieweit Vertrauen mit kritischen Lebensereignissen und deren Bewältigung zusammenhängt. Alle Angaben wurden mit Fragebögen erfasst, so etwa Vertrauen mit dem Rotter-Fragebogen. Die Autorin kommt zu dem Schluss, dass Stress dann auftritt, wenn vertrauensvolles Verhalten abnimmt. Vertrauensvolle Personen sind offenbar soweit stabilisiert und in ihre soziale Bezugsgruppe eingebettet, dass sie auf Verteidigungen und Verheimlichungen verzichten können. Sie erscheinen zuversichtlich, was die Vorwegnahme zukünftiger, belastender Ereignisse angeht und können sich, sofern ihre Einschätzungen halbwegs realistisch sind, gut auf sie vorbereiten. Leider sind diese weitreichenden Schlussfolgerungen aufgrund der allzu einfachen Korrelationsstudie nicht empirisch zu stützen. Sie stellen jedoch interessante Anregungen für eine noch in Angriff zu nehmende Längsschnittuntersuchung dar, die die vermuteten Wirkungszusammenhänge aufdecken könnten. Eine solche Arbeit müsste auch genaueren Aufschluss über die situativen Faktoren geben, die Vertrauen begünstigen und aufrechterhalten. Ohne sie lässt sich die Frage, in welchem Umfang Vertrauen ein Situationsmerkmal bildet, nicht beantworten.

## 4.6 Vertrauen als Beziehungsmerkmal

Viele Entscheidungen und Handlungen des Alltags, vom Autokauf bis zur Partnerwahl, weisen ein unterschiedlich hohes Maß von Ungewissheit auf und machen es erforderlich, dem jeweiligen Gegenüber Glauben zu schenken. In der Sozialpsychologie kann man einen solchen Tatbestand, in dem Positionen durch ein Aushandeln einander angenähert werden, mit einer Reihe von Theorien beschreiben (vgl. Bierhoff, 1984; Frey & Bierhoff, 2012). Besagtes Aushandeln lässt sich vor allem durch die *Austauschtheorie* beschreiben, deren Wesen darin besteht, die Kosten und den Nutzen einer Beziehung abzuschätzen und daraus die Attraktivität einer Beziehung abzulesen. Besonders klar kann man dies anhand des Gefangenen-Dilemma-Spiels verdeutlichen.

### *4.6.1 Aufbau von Vertrauenswürdigkeit*

Schon in den ersten Anwendungen des Gefangenen-Dilemma-Spiels fanden Deutsch (1960) und Loomis (1959) enge Beziehungen zwischen der *Einschätzung der Vertrauenswürdigkeit des Spielpartners* und dem eigenen vertrauensvollen Verhalten. Ob man einen Partner spontan als vertrauensvoll bewerten kann, hängt sehr von der eigenen Vertrauensbereitschaft ab, da diese wiederum die soziale Wahrnehmung des Partners prägt. So konnten Gurtman und Lion (1982) in einem Wahrnehmungsexperiment eindeutig nachweisen, dass vertrauensvolle Personen eher vertrauensvolle Botschaften, misstrauische dagegen vermehrt Misstrauen wahrnehmen. Schon das Experiment von Loomis (1959) illustrierte jedoch auch, dass Kooperation und Vertrauen zunehmen, wenn die Partner vermehrt Gelegenheit bekommen, miteinander zu kommunizieren.

Über einen interessanten theoretischen Zugang, der sich an der Austauschtheorie orientiert, berichteten Haas und Deseran (1981). Sie stellten Überlegungen darüber an, wie Handelnde *Vertrauenswürdigkeit* in Beziehungen aufbauen; dabei wird von einem *symbolischen Austausch* ausgegangen. Die Bedeutung der ausgetauschten Güter liegt nicht in ihrem eigentlichen Nutzwert für den Empfänger, sondern in ihrer Bedeutung als Gesten, die die Absichten des Handelnden vermitteln. Diese Überlegung basiert darauf, dass es ein „Vokabular" von typischen Gesten gibt, die bestimmte soziale Beziehungen kennzeichnen. So lässt sich auch Vertrauenswürdigkeit an bestimmten Gesten ablesen. Im Kontakt mit anderen wählt man bestimmte Gesten aus, um die eigenen vertrauenswürdigen Absichten zu signalisieren. Eine Möglichkeit, seine vertrauenswürdigen Absichten zu zeigen, sind Geschenke, die man in die „Beziehung" investiert. So dient etwa der Austausch von Geschenken dazu, kollegiale Freundschaften aufzubauen und zu erhalten, in denen man eine Vielzahl von Vorteilen genießt. In vielen Fällen ist der symbolische Austausch von situationalen und kulturellen Bedingungen abhängig. Einige Beispiele für die US-amerikanische Gesellschaft aus Haas und Deseran (1981) gibt die nachfolgende Übersicht.

**Austausch von Symbolen des Vertrauens (vgl. Haas & Deseran, 1981):**

*Einladungen, um Freundschaften aufzubauen und aufrechtzuerhalten.* Nach einem Umzug in eine andere Stadt werden Einladungen von Kollegen als Anzeichen dafür gedeutet, eine neue Freundschaft zu beginnen. Der Eingeladene weiß, wie wichtig Freundschaften sind; er weiß, dass es immer wieder Gelegenheiten gibt, bei denen man auf freundschaftliche Hilfe angewiesen ist.

*Geschenke besitzen einen gefühlsmäßigen Wert.* Verlobungs- und Eheringe besitzen als Liebesgeschenke meistens einen sehr hohen gefühlsmäßigen (symbolischen) Wert, der den materiellen Wert vielfach übertrifft. Ein anderes Beispiel: Ein Ehepaar erhält von Freunden der Eltern ein kostbares Geschenk, obwohl man selbst zu diesen Leuten kaum Kontakt hat. Die soziale Bedeutung des Geschenks liegt also nicht in der Beziehung zwischen Schenkenden und Beschenkten, sondern kennzeichnet die Beziehung der Freunde der Eltern des Paares und den Eltern selbst. In diesem Falle besitzt das Geschenk für die Eltern einen symbolischen Wert, nicht jedoch für die Beschenkten.

*Verweigerung eines symbolischen Austauschs.* Einen symbolischen Austausch zu verweigern, bedeutet zum Beispiel, eine Einladung nicht anzunehmen oder symbolische Geschenke nicht „zurückzuzahlen". Solche Verhaltensweisen tragen zu Misstrauen in einer Beziehung bei.

### 4.6.2 Manipulation von Vertrauenswürdigkeit

Eine interessante Arbeit in diesem Kontext führten Rothmeier und Dixon (1980) durch, die systematisch die Bedingungen von Vertrauenswürdigkeit anhand von Interviewverhalten variierten. Die Autoren konnten zeigen, dass Vertrauensbildung genauer definiert werden kann. Vertrauenswürdigkeit wurde wie folgt spezifiziert:

a) allgemein über
   - durchgängigen Blickkontakt,
   - aufrechte Sitzhaltung und
   - nur innerhalb der letzten fünf Minuten „Auf-die-Uhr-Schauen".
b) spezifisch über
   - keinen abrupten Themenwechsel,
   - verbales Widerspiegeln im Sinne der personenzentrierten Gesprächsführung.
   - gezeigtes Interesse über mehrere Sitzungen an einem für die Person wichtigen Thema,
   - eine durchgängig geduldige, akzeptierende und interessenbekundende Haltung, die über mehrere Sitzungen gleichbleibt und
   - Verschwiegenheit, das heißt der Person in Gesprächen zu verstehen geben, dass man persönliche Mittelungen nicht ohne ihre ausdrückliche Einwilligung an andere weitergegeben hat.

Dagegen wurden folgende Verhaltensweisen als nicht vertrauenswürdig aufgefasst:
- mangelnder Blickkontakt,
- Herumflegeln im Sessel,
- Andauerndes „Auf-die-Uhr-Schauen" oder
- ständiger abrupter Themenwechsel.

Vertrauensvolles Verhalten ist verbal und nonverbal konsistent und vermittelt dem Partner Interesse an seiner Person und Zuversicht. Der vertrauensvolle Interviewer sucht häufig Blickkontakt zu seinem Partner und konzentriert sich auf dessen Äußerungen. Er wird daher in der Regel akzeptiert und kann Einfluss ausüben, das bedeutet seiner Bewertung oder Meinung wird Gehör geschenkt. Rothmeier und Dixon (1980) zeigten auch, dass es nicht genügt, einen Interviewer verbal als vertrauenswürdig auszuweisen, sondern dass sein konkretes Verhalten in der Interviewsituation der entscheidende Anhaltspunkt für die Bewertung der Vertrauenswürdigkeit durch den Interviewpartner darstellt.

### 4.6.3 Vertrauen und Konfliktlösung

Eine weitere, wichtige Gruppe von Theorien, die sogenannte *Attributionstheorien* analysieren die Absichten, mit denen Personen ihr Handeln begründen. Für den Aufbau von Vertrauen ist es wichtig, in welcher Form die Absichten des Partners gedeutet und wie glaubwürdig diese eingeschätzt werden.

So prüften Doherty und Ryder (1979) bei 68 jungverheirateten Ehepaaren ohne Kinder, ob sich mit Hilfe attributionstheoretischer Begriffe klären ließ, wie diese Paare mit ehelichen Konfliktsituationen umgehen. Es sollte festgestellt werden, von welchen Faktoren es abhing, ob sie solche Konflikte selbstsicher lösen. Als Ergebnis zeigte sich:

- Suchen Männer bei einem Konflikt eher die Schuld in ihrem eigenen Verhalten, erklären ihn also *internal*, dann verhalten sie sich selbstsicherer als diejenigen, die die Verantwortung nicht bei sich suchen (= externale Begründung).
- Erklären Männer Konflikte eher external und sind sie vertrauensvoll (gemessen mit dem Rotter-Fragebogen), dann sind sie am wenigsten selbstsicher.
- Stark misstrauische Frauen, die die Schuld bei einem Konflikt eher bei sich suchen (internal erklären), waren am selbstsichersten.

Das Ergebnis von Doherty und Ryder (1979) lässt das Bild aufkommen, dass misstrauische, internal erklärende Frauen genau das Gegenteil zu vertrauensvollen, external erklärenden Männern darstellen. Anders formuliert: ein jungverheirateter Ehemann dieses Typus tendiert zu passivem und unbeteiligtem Verhalten in ehelichen Konflikten; die Ehefrau des Gegentypus dazu, aktiv und stark beteiligt zu sein.

### 4.6.4 Vertrauen und Selbstöffnung

Zu diesem Bereich liegen zweifellos die meisten empirischen Studien vor; allerdings basieren sie nicht auf einem einheitlichen theoretischen Konzept. So etwa kann man Selbstöffnung (self-disclosure) umgangssprachlich mit „sich jemanden anvertrauen" übersetzen (vgl. auch McAllister, 1980). Damit ist gemeint, ob und in welcher Form man in der Lage ist, über die eigene Person Mitteilungen anzustellen (= selbstexplorative Äußerungen). Am Ausmaß der Selbstöffnung lässt sich dann die Ausprägung des Vertrauens ablesen (vgl. Ellison & Firestone, 1979).

In diesem Kontext liegen wiederum spezifische Effekte des Messverfahrens vor, mit dem Vertrauen erfasst wird. So bestehen zwischen dem Rotter-Fragebogen und besagter Selbstöffnung keine, zwischen spezifischen Vertrauensfragebögen und dem Gefangenen-Dilemma-Spiel auf der einen Seite und Selbstöffnung auf der anderen Seite jedoch positive Beziehungen. Es leuchtet durchaus ein, dass Vertrauen und Selbstöffnung zusammenhängen, wenn es um *spezifisches Vertrauen* einer bestimmten Person gegenüber geht, nicht aber, wenn es sich um ein globales Konzept wie das von Rotter handelt (vgl. auch Mac Donald et al., 1972).

Johnson und Noonan (1972) stellten fest, dass Versuchspersonen einem Gehilfen des Versuchsleiters dann mehr trauten, wenn er auf ihr Selbstöffnungen akzeptierend einging, weniger aber, wenn selbstexplorative Äußerungen nicht erwidert wurden. Selbstöffnung ist demnach vertrauensfördernd, sofern auf sie akzeptierend oder ebenfalls mit Selbstöffnung reagiert wird. Ein entsprechendes Verhalten ist offensichtlich schon deshalb vertrauensvoll, weil man mit ihm das Risiko eingeht, dass der Partner den Vertrauensvorschuss egoistisch ausnutzt.

Wheels (1978) unersuchte bei 385 Studierenden den Zusammenhang zwischen Selbstöffnung, spezifischem und generalisiertem Vertrauen sowie Solidarität. Es ergab sich eine eindeutige Beziehung zwischen spezifischem Vertrauen und Selbstöffnung, wobei beide als Maß für Kooperation gesehen werden können. Beide Merkmale zeigen zudem an, ob sich ein Partner einem anderen gegenüber solidarisch verhalten wird. Zu generalisiertem Vertrauen im Sinne von Rotter (1967) bestand keine Beziehung, ebenso korrelierte spezifisches Vertrauen nicht mit generalisiertem.

### 4.6.5 Kooperationsbereitschaft und Selbstöffnung

Bridges und Schoeninger (1977) untersuchten mit Hilfe des Gefangenen-Dilemma-Spiels, in welcher Form und in welchem Umfang persönliche Informationen von gemischt-geschlechtlichen Paaren preisgegeben wurden. Die Autoren verfolgten zwei Ziele: Zunächst sollte bestimmt werden, inwieweit vertrauensvolles Verhalten

- von der subjektiven Sicherheit eines Ereignisses und
- vom objektiven Wert des Ergebnisses abhängt.

Des Weiteren sollte der Zusammenhang zwischen Sicherheit und der Preisgabe von Informationen (= Selbstöffnung) spezifiziert werden. In dieser Studie wurde an 63 gemischt-geschlechtlichen Paaren in drei Durchgängen die Beziehung zwischen dem vertrauensvollen Verhalten, das heißt der (beabsichtigten) Selbstöffnung gegenüber dem Spielpartner und der Erwartung von dessen – kooperativer oder nicht kooperativer – Reaktion untersucht. Es wurde hierzu ein stark verändertes Gefangenen-Dilemma-Spiel herangezogen, und zwar liegen nur drei Zellen vor. Das Spiel ist so

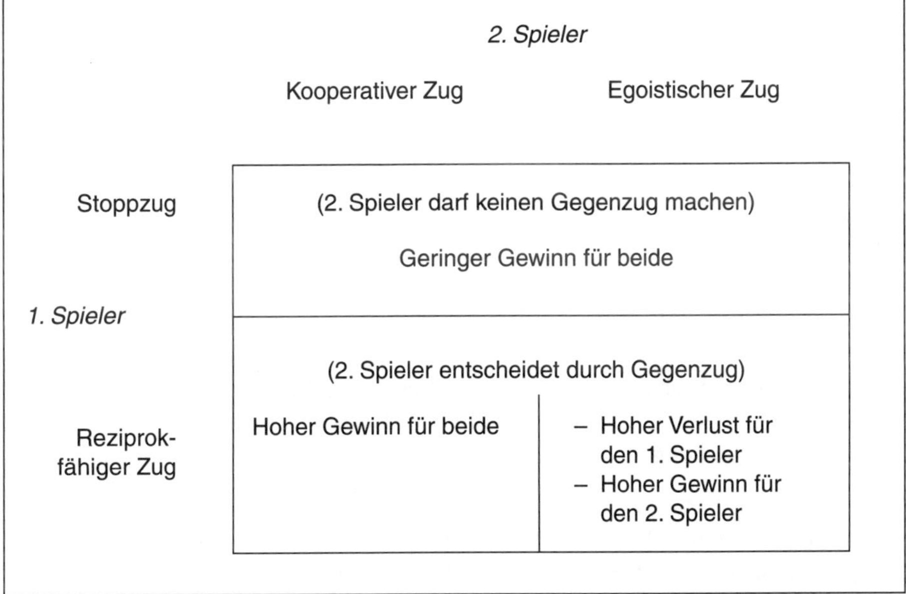


**Abbildung 13:** Darstellung einer veränderten Version des Gefangenen-Dilemma-Spiels (nach Bridges & Schoeninger, 1977)

angelegt, dass für den ersten Spieler jede Wettbewerbsmotivation entfällt und er nur zwischen einem risikolosen und risikoreichen (= vertrauenden) Spielzug wählen kann. Im ersten Fall konnte er durch einen *Stoppzug* den Mitspieler davon abhalten, überhaupt einen Zug durchzuführen; dies brachte für beide Spieler einen gleich niedrigen Erfolg. Im zweiten Fall wählte er einen *reziprokfähigen Zug* und ließ den Mitspieler darüber entscheiden, ob beide einen hohen Gewinn erhielten oder nur der zweite Spieler auf Kosten des ersten. Somit weist der Stoppzug kein Risiko für den ersten Spieler auf, besitzt jedoch den Nachteil, nur einen geringen Gewinn zu erzielen. Beim reziprokfähigen Zug trägt der erste Spieler das volle Risiko, jedoch mit der Hoffnung, durch einen gemeinsamen hohen Gewinn dadurch entschädigt zu werden. Nach der Wahl hatte er die subjektive Sicherheit anzugeben, mit der er erwartete, dass der Mitspieler sich kooperativ (vertrauensvoll) verhalten würde. Abbildung 13 verdeutlicht die Anordnung.

In der zweiten Studie an 102 Studierenden wurde das Merkmal „Selbstöffnung" mit Hilfe eines Fragbogens erfasst, der zehn intime Themen ansprach, die dem Spielpartner mitgeteilt werden sollten. Zusätzlich wurde über eine tatsächlich erfolgte Selbstöffnung (dem/der besten Freund/-in gegenüber) Auskunft verlangt.

Die Fragebögen aus beiden Studien wurden zusammen ausgewertet und über alle zehn Themen korreliert. Auf diese Weise konnte die vermutete Kooperationsbereitschaft des Mitspielers sowohl mit der beabsichtigten und berichteten Selbstöffnung als auch mit dem objektiven Gewinn oder Verlust der beabsichtigten und berichteten Selbstöffnung in Beziehung gebracht werden. Anders formuliert: Durch die Kombination der beiden Studien lassen sich Aussagen über Spielsituationen wie auch über Nicht-Spielsituationen anstellen:

Für Erstere (= Studie mit dem Gefangenen-Dilemma-Spiel) gilt:

- Die vermutete Kooperationsbereitschaft des Mitspielers korreliert deutlich in allen drei Durchgängen mit Vertrauen.
- Der Gewinn oder Verlust weist nur im dritten Durchgang eine Beziehung zu Vertrauen auf.

Für Nicht-Spielsituationen (= Fragebogen-Studie) zeigte sich:

- Die vermutete Kooperationsbereitschaft hängt eng mit Vertrauen zusammen, das heißt knapp zwei Drittel aller Korrelationen zwischen vermuteter Kooperationsbereitschaft und berichteter oder beabsichtigter Selbstöffnung sind signifikant.
- Der objektive Gewinn beziehungsweise Verlust eines Ergebnisses weist nur eine schwache Beziehung zu Vertrauen auf; ca. 20 Prozent aller Korrelationen sind signifikant.

Vertrauen wird demnach mehr durch die im Hinblick auf den Mitspieler vermutete Kooperationsbereitschaft bestimmt, als durch den objektiven Gewinn bzw. Verlust. Die Tendenzen sind für Spiel- und Nicht-Spielsituationen gleich.

### 4.6.6 Vertrauensverlust durch Selbstöffnung des Psychotherapeuten

Curtis (1981) beschäftigte sich mit dem Zusammenhang zwischen Selbstöffnung des Psychotherapeuten und der Einschätzung des Einfühlungsvermögens, der Kompetenz und der Vertrauenswürdigkeit des Therapeuten durch den Patienten. Den 57 Patienten, die an dieser Studie teilnahmen, wurden schriftliche Gesprächsprotokolle vorgelegt, in denen der Therapeut entweder *hohe*, *niedrige* oder *keine Selbstöffnung* praktizierte. Die Einschätzungen basierten auf dem Fragebogen von Barrett-Lennard (1962), mit dessen Hilfe sich therapeutische Beziehungen kennzeichnen lassen.

Verblüffender Weise wurden jene Psychotherapeuten, die die *stärkste Selbstöffnung* zeigten, am ungünstigsten von den Patienten eingeschätzt; sie wurden als *wenig einfühlsam, wenig kompetent und kaum vertrauenswürdig* empfunden.

Selbstöffnung – als spezifische Form der Vertrauensbekundung – wird offenbar seitens des Patienten nicht als Hilfestellung erlebt. Sie wirkt eher in der Weise, dass sie den Patienten von seinen Bedürfnissen ablenkt und ihn verunsichert, zumindest aber die Glaubwürdigkeit des Therapeuten in Frage stellt und damit den Aufbau von Vertrauen behindert.

### 4.6.7 Vertrauen und therapeutische Beziehungen

Vor allem die klinisch-psychologische Literatur sieht in dem Merkmal „Vertrauen" eine Basisgröße erfolgreicher therapeutischer Arbeit (vgl. Petermann et al., 2008). So belegten Bochmann und Petermann (1989) durch eine Befragung von 160 Patienten, dass Vertrauen zum Arzt die Mitarbeit bei einer medikamentösen Therapie steigert. Vertrauen lässt sich dabei durch vier Faktoren bestimmen:

- die Natürlichkeit der Behandlungsatmosphäre,
- das gezeigte Verständnis des Arztes,
- die kooperative Behandlungsatmosphäre und
- die Qualität der Arzt-Patient-Interaktion.

Noch zentraler wird Vertrauen in der Psychotherapie. In diesem Kontext sprechen manche Autoren sogar von „vertrauensorientierter" Psychotherapie, die durch das natürliche Geben und Nehmen von Vertrauen professionelles Vorgehen neu strukturieren soll. Eine derart global begründete Vertrauensorientierung kann sicherlich nicht therapeutisches Handeln wissenschaftlich fundieren. Ebenso wenig wissenschaftlich nachvollziehbar sind spekulative Überlegungen von Boszormenyi-Nagy und Krasner (1980), die ein diffuses Konzept von Vertrauen zur zentralen Zielgröße der Familientherapie hochstilisierten.

Offensichtlich liegen kaum empirisch begründete Versuche vor, das Merkmal „Vertrauen" in seiner Bedeutung für die klinische Arbeit einzuschätzen. So zeigte Caterinicchio (1979) anhand verschiedener Kausalmodelle, dass das Vertrauen zum behandelnden Arzt die anfänglichen Bedenken des Patienten reduziert und seine Toleranz gegenüber therapeutisch hervorgerufenen Ängsten und Unbehagen erhöht. So kann ein Arzt als besonders vertrauensvoll wahrgenommen werden, wenn er bei mangelndem Heilungserfolg die bisherige Behandlung in Frage stellt und flexibel neue Behandlungsschritte einleitet.

Eine größere Anzahl von empirischen Studien beschäftigt sich mit dem Zusammenhang von Vertrauen und Zufriedenheit bei Patienten. So fanden Distefano und Mitarbeiter (1981) an 40 psychiatrischen Langzeitfällen mit Hilfe des Rotter-Fragebogens, dass vertrauensvolle Patienten mit dem Pflegepersonal zufriedener waren als misstrauische. Zudem belegte die Studie, dass die Zufriedenheit der Patienten durch gezieltes Feedback von Seiten des Personals gesteigert werden konnte.

### 4.6.8 Hinweise auf vertrauensvolles Handeln

Um Verhaltensweisen im Kontakt zwischen Kindern und Erwachsenen zu untersuchen, die den Vertrauensaufbau fördern, führte unsere Arbeitsgruppe Studien durch. Zur Verhaltensbeobachtung wurde der zuvor beschriebene Kind-Erwachsenen-Interaktionsbogen (Kapitel 2.4.1) herangezogen. Von bestimmten Interaktionsmustern wurde angenommen, dass diese die Häufigkeit vertrauensvollen Verhaltens systematisch beeinflussen. Mit drei *Annahmen* beschäftigten wir uns genauer:

- Vertrauensvolles Verhalten nimmt zu, wenn der Erwachsene in der Interaktion mit dem Kind dieses Verhalten verstärkt.
- Vertrauensvolles Verhalten tritt weniger auf, wenn es durch den Erwachsenen bestraft oder ignoriert wird.
- Zeigt das Kind vertrauensvolles Verhalten, dann nimmt vertrauensvolles Verhalten beim Erwachsenen zu.

Die beobachteten Kinder der Altersgruppe von sechs bis zehn Jahren kamen zum Zeitpunkt der Untersuchung zum ersten Mal mit einem Erwachsenen in der städtischen Freizeiteinrichtung in Kontakt. Es wurden nur Erstkontakte berücksichtigt. Diese Einschränkung war notwendig, um vergleichbare Bedingungen der Interaktion zu schaffen. Ebenso wurden die Bedingungen der Datenerhebung konstant gehalten: Alle Interaktionen fanden in Bastel- und Werkräumen der Freizeiteinrichtung auf dem Hintergrund zielgerichteter Tätigkeiten (wie Malen, Basteln) statt. Um die natürliche Interaktionsfolge nicht unvollständig abzubilden, sollten mindestens 100 und höchstens 200 Urteile erhoben werden. Auf diese Weise wurden Interaktionsabschnitte von etwa fünf- bis achtminütiger Dauer erfasst. Unabhängig von der Beobachtungsdauer erfolgte immer dann eine Einschätzung, wenn ein durch eine spezielle Kategorie definiertes Verhalten auftrat. Der Studie wurden 16 Kind-Erwachsenen-Interaktionen zugrunde gelegt, die über einen Zeitraum von vier Monaten erhoben wurden (Esser & Petermann, 1985).

Als förderlich für vertrauensvolles Verhalten des Kindes konnten den Annahmen entsprechend die Verhaltensklassen „positive Reaktion des Erwachsenen“ und „vertrauensvolles Verhalten des Erwachsenen“ sowie das Interaktionsmuster „vertrauensvolles Verhalten des Kindes gefolgt von positiver Reaktion des Erwachsenen“ identifiziert werden. Die Annahmen über die vertrauenshemmende Wirkung von negativen verbalen und nonverbalen Verhaltensweisen der Erwachsenen ließen sich in dieser allgemeinen Form nicht bestätigen; nur für das Interaktionsmuster „vertrauensvolles Verhalten des Kindes gefolgt von negativer Reaktion des Erwachsenen“ zeigte sich der erwartete vertrauenshemmende Effekt. Darüber hinaus ergaben sich weitere Anhaltspunkte für vertrauensfördernde Merkmale auf Seiten des Erwachsenen, des Kindes und in Merkmalen des Interaktionsablaufes.

Die Befunde von Esser und Petermann (1985) ergeben eine Reihe von Anhaltspunkten für den erwachsenen Interaktionspartner im Hinblick darauf, welche Verhaltensweisen sich bei der Kontaktaufnahme mit Kindern vertrauensfördernd auswirken, nämlich:

- Vertrauensvolles Verhalten,
- Positive verbale und nonverbale Reaktionen,
- Fragen nach selbstexplorativen Äußerungen,
- Schweigen und
- Ausführen von Tätigkeiten.

Die genannten Verhaltensweisen des Erwachsenen erhöhen in sehr unterschiedlichem Maße die Wahrscheinlichkeit vertrauensvollen Verhaltens des Kindes.

Im Gegensatz zu der experimentell gefundenen differenziellen Verstärkung vertrauensvollen Verhaltens (Solomon, 1960) legen die beschriebenen Ergebnisse eine Strategie nahe, die in einer positiven und nachhaltigen Verstärkung verschiedener Verhaltensweisen des Kindes besteht. Auf diese Weise werden Bedingungen geschaffen, die dem Kind vertrauensvolles Verhalten ermöglichen und erleichtern. Eine solche Vorgehensweise kann gerade bei der Kontaktaufnahme, bei der vertrauensvolles Verhalten – als zu verstärkendes Zielverhalten – eine geringe Auftretenshäufigkeit hat und somit zunächst aufgebaut werden muss, eine wichtige Rolle spielen.

## 4.7 Zusammenfassung

Wir stellten ein Rahmenmodell vor, in das sich die wichtigsten empirischen Befunde einordnen ließen. Dürftig waren die Ergebnisse zur Entstehung von Vertrauen in der Kindheit. Vertrauen und Persönlichkeitsmerkmale wiesen wenig bedeutsame Beziehungen auf. Optimistischer stimmten die Untersuchungen zu situativen Faktoren von Vertrauen: so konnte über den Einfluss von Belohnungsaufschub, Macht, belastenden Lebensereignissen und Stress berichtet werden. Die meisten Studien beschäftigten sich damit, Vertrauen in Beziehungen zu analysieren. Es wurde über Bedingungen berichtet, die den Aufbau von Vertrauen erleichtern oder beschleunigen. Offensichtlich stehen Vertrauen und das Bedürfnis, andere zu kontrollieren, im Widerspruch zueinander. Das Merkmal „Selbstöffnung" kann Vertrauen beim Partner erzeugen, sofern dieser nicht sachkompetente Hilfe erwartet. In klinisch-psychologischen Studien ließ sich die Bedeutung von gezieltem Feedback für die Vertrauensbildung belegen. Die Diskussion der empirischen Daten lässt somit eine Reihe von *beobachtbaren Hinweisen für vertrauensvolles Verhalten* erkennen, die die Chance beinhalten, Vertrauen alltagsnah zu erfassen. Deshalb wurden ergänzend zu den Ausführungen über die Fragebögen zur Erfassung von Vertrauen und das Gefangenen-Dilemma-Spiel verhaltensbezogene Hinweise für Vertrauen behandelt. Der Vorteil solcher Hinweise besteht darin, dass sie alltagsnah formuliert sind und den vielfältigen Erscheinungsformen von Vertrauen entsprechen.

# Kapitel 5

# Einfühlungsvermögen und Selbstwirksamkeit – Bausteine von Vertrauen

In den letzten Jahren wurden verschiedene Aspekte der sozial-emotionalen Entwicklung diskutiert, die auch für die Vertrauensforschung relevant sind. Anregungen von dieser Seite erscheinen nützlich, da im Rahmen der empirischen Erforschung von Vertrauen sicherlich einige grundlegende Bausteine bisher im Verborgenen blieben. Wir wollen uns mit den Merkmalen „Einfühlungsvermögen" und „Selbstwirksamkeit" näher beschäftigen, um den Begriff „Vertrauen" auf diese Weise zu präzisieren.

## 5.1 Einfühlungsvermögen

Bei diesem Merkmal geht es um die Fähigkeit, sich in die Lage eines anderen zu versetzen. Einfühlungsvermögen bildet die Vorbedingung für jede befriedigende Interaktion, namentlich für Hilfeverhalten und Kooperation (vgl. Bierhoff, 2010). Es ist eben undenkbar, Vertrauen zu erlangen, wenn es einem nicht gelingt, die Absichten und Bedürfnisse eines Partners sensibel zu registrieren. Die entwicklungspsychologische Forschung legt nahe, dass sich Einfühlungsvermögen

- zwischen dem vierten bis sechsten Lebensjahr herausbildet,
- bei Jungen weniger ausgeprägt ist als bei Mädchen,
- durch eine hohe Selbstbezogenheit und durch Konkurrenzverhalten behindert wird und
- durch Rollenspiele trainierbar ist (vgl. Petermann & Wiedebusch, 2008; Petermann & Petermann, 2012).

Aus diesen wenigen Hinweisen wird deutlich, dass sich das Ausmaß des Einfühlungsvermögens darin widerspiegelt, in welchem Grade man dem Gegenüber gezielte Aufmerksamkeit zuwendet. Nur wenn man sich in die Rolle eines anderen *uneigennützig* einzudenken vermag, kann sich vertrauensvolles Verhalten herausbilden. Was können nun Gründe dafür sein, dass bei einigen Personen ein solches Zuwenden problemlos und bei anderen nie erfolgt? Sicherlich sind die störenden Bedingungen, die das Sicheinfühlen verhindern, auch diejenigen, die dem Aufbau von Vertrauen entgegenstehen. Von großer Bedeutung sind in diesem Zusammenhang vor allem Merkmale wie *hohe Selbstbezogenheit* und *Konkurrenzverhalten,* die mit einem vertrauensvollen Handeln unvereinbar scheinen. Diese Annahme lässt sich nicht zuletzt durch das Gefangenen-Dilemma-Spiel belegen.

Zum Glück ist es in Grenzen möglich, vertrauensvolles Verhalten – ähnlich wie Einfühlungsvermögen – in Rollenspielen einzuüben. So hilft der geschützte Raum, den ein Rollenspiel bietet, neue Erfahrungen zu sammeln, die Vertrauen fördern. Man erprobt mit einem Partner im Rollenspiel zu kooperieren und erlebt seine Lage „hautnah", man akzeptiert die andere Sichtweise des Partners, des Weiteren legen die gesammelten Erfahrungen nahe, den Partner zu akzeptieren und nicht über die Bedürfnisse und Wünsche des Partners hinwegzugehen.

Abbildung 14 fasst die skizzierten Überlegungen zusammen: Man erkennt das Merkmal „Einfühlungsvermögen" als zentrale Voraussetzung von Vertrauen. Man kann für Vertrauen vergleichbare positive Vorbedingungen vermuten wie für Einfühlungsvermögen und Aufmerksamkeitszuwendung, etwa geringe Selbstbezogenheit und kaum

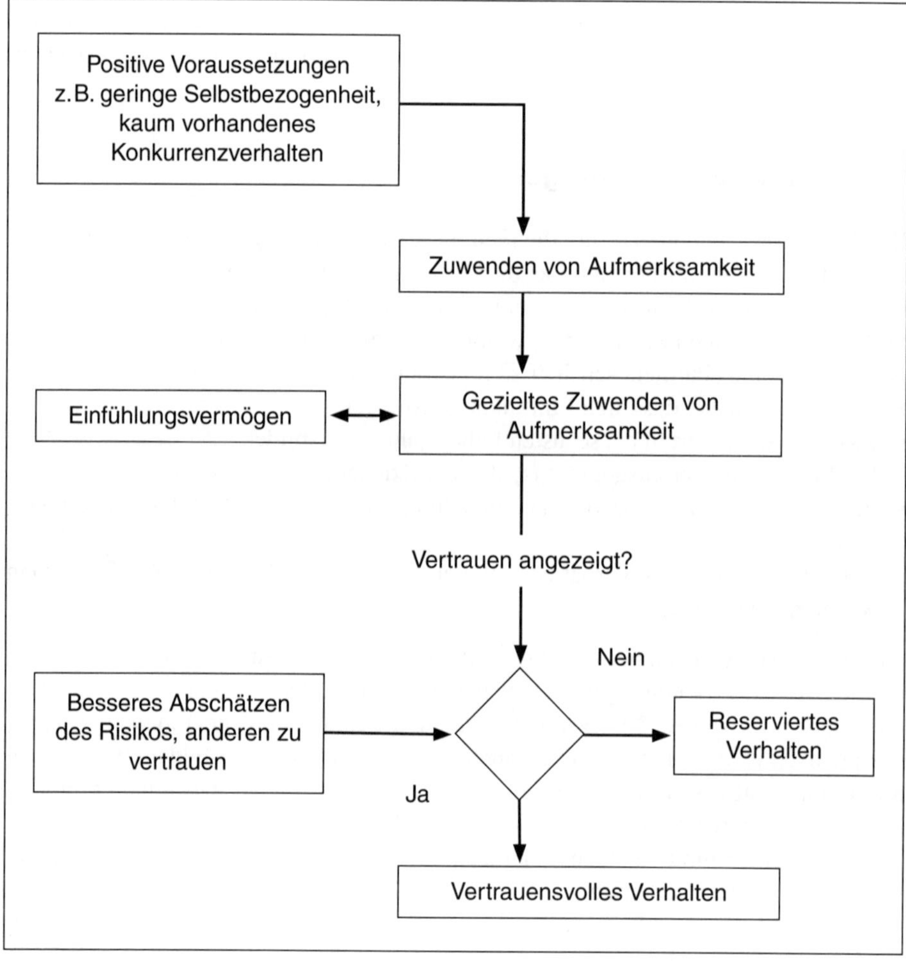


**Abbildung 14:** Einfühlungsvermögen als Voraussetzung vertrauensvollen Verhaltens

vorhandenes Konkurrenzverhalten. Erst die gezielte Aufmerksamkeit macht es einem möglich, sich einfühlsam in den anderen zu versetzen. Dieses intensive Zuwenden ist einerseits Voraussetzung für echtes Einfühlen, andererseits wird es durch ein differenziertes Einfühlungsvermögen erst möglich, das Risiko abzuschätzen, das man eingeht, wenn man anderen Personen vertraut. Diese Wechselwirkung wird im Schema durch einen Doppelpfeil dargestellt.

Durch das genauere Einfühlen in den Partner erhält man durch Gestik, Mimik und Körperhaltung Anhaltspunkte, die eine bessere Vorhersage darüber gestatten, ob man sich eher reserviert oder vertrauensvoll verhalten soll (vgl. Frey & Bierhoff, 2012). Entscheidend dabei ist, dass Einfühlungsvermögen das Risiko verringert, anderen ungerechtfertigter Weise zu vertrauen. Es trägt damit zu einem selbstsicheren Verhalten bei. Einfühlungsvermögen wäre damit eine Voraussetzung, die es uns erleichtert, in angemessener Weise Vertrauen zu entwickeln.

Koenig und Harris (2005) gingen der Frage nach, welche Rolle die soziale Wahrnehmung in der frühen Entwicklung des Vertrauens spielt. Unter sozialer Wahrnehmung wird unter anderem die Fähigkeit verstanden, das Verhalten und die Handlungen anderer Menschen zu verstehen (= Einfühlungsvermögen). Empirische Befunde legen nahe, dass die Entwicklung der Fähigkeit von Kindern zu entscheiden, wem zu vertrauen und wem nicht, scheinbar in engem Zusammenhang mit der Entwicklung des Einfühlungsvermögens steht. Zum Beleg dieser Vermutung werden im folgenden Kasten empirische Befunde zur Rolle der sozialen Wahrnehmung in der frühen Entwicklung des Vertrauens dargestellt.

**Befunde zur Rolle der sozialen Wahrnehmung in Phasen der frühen Vertrauensentwicklung:**

Experimente zeigten große Unterschiede im Vertrauen zwischen dreijährigen und älteren Kindern (Clement et al., 2004; Koenig et al., 2004). In diesen Experimenten bekamen die Kinder Informationen über unbekannte Objekte von zuverlässigen und unzuverlässigen Informanten. Die zuverlässigen Informanten machten korrekte Angaben über die Objekte, die unzuverlässigen inkorrekte Angaben. Die älteren Kinder lernten schnell den zuverlässigen Informanten in Bezug auf neue Informationen zu vertrauen, die Dreijährigen differenzierten nicht zwischen zuverlässigen und unzuverlässigen Informanten.
Eine mögliche Erklärung für diesen Unterschied im Verhalten zwischen dreijährigen und älteren Kindern liegt laut Koenig und Harris (2005) in der Entwicklung des Einfühlungsvermögens. Vanderbilt, Liu und Heyman (2011) konnten zeigen, dass Kinder erst ab einem Alter von fünf Jahren in der Lage sind, falsche Informationen eines Informanten mit dessen Intentionen (in diesem Fall der bewussten Gabe falscher Informationen) zu verknüpfen. Somit ist es den Dreijährigen noch gar nicht möglich, zwischen zuverlässigen und unzuverlässigen Informanten zu unterscheiden, da ihre soziale Wahrnehmung noch nicht dementsprechend entwi-

ckelt ist. Dieses Beispiel (vgl. im Detail Kapitel 4.3.1; S. 79) zeigt sehr anschaulich die wichtige Rolle des Einfühlungsvermögens als Voraussetzung für Vertrauen und lässt vermuten, dass Defizite in der sozialen Wahrnehmung und der Empathiefähigkeit Vertrauen negativ beeinflussen.

Der gezielte Aufbau von Vertrauen wird von gezielter Verstärkung, von Verhaltensrückmeldungen und von der erfahrenen Selbstwirksamkeit bestimmt. Mit letzterer wollen wir uns im nächsten Abschnitt auseinandersetzen.

## 5.2 Selbstwirksamkeit

Eine in den bisherigen Überlegungen vernachlässigte Frage ist die, auf welche Weise durch eigene erfahrene Wirksamkeit Vertrauen aufgebaut oder erhöht und vertrauensvolles Verhalten stabilisiert werden kann. Ein solches Vertrauensfundament wollen wir in Anlehnung an Bandura (1977) als *erfahrene Selbstwirksamkeit* umschreiben. Wir gehen davon aus, dass aufgrund des Eindrucks, etwas bewirken zu können, eine Person sich immer mehr zutraut und dadurch ein stabiles *Selbstvertrauen* (= generalisierte Selbstwirksamkeit) aufbauen kann. Ein stabiles Selbstvertrauen wiederum ist nur eine notwendige, nicht jedoch eine hinreichende Bedingung für stabiles vertrauensvolles Verhalten. Eine solche Verknüpfung vollzieht sich über eine Reihe von Schritten, die grafisch in Abbildung 15 angegeben sind. Das Modell soll anhand der von Bandura vorgeschlagenen Präzisierung des Begriffs „Selbstwirksamkeit" erläutert werden.

Wir unterstellen einmal, dass eine ausreichend große Anzahl von Aufgaben und Tätigkeiten für eine Person vorliegt, aus der sie selbst ihrem Anspruch und ihren Fähigkeiten gemäß Aufgaben auswählen kann oder auch übertragen bekommt. Kann sie diese Aufgaben erfolgreich lösen und sich den Erfolg ihrer Bemühungen *selbst* zuschreiben, so wird sie sich schrittweise an immer schwierigere Aufgaben herantrauen, diese in der Regel bewältigen und am Ende umfassend Selbstwirksamkeit erleben. Nach Bandura (1977) ist bei Selbstwirksamkeitserwartungen die Überzeugung zentral, dass man selbst das Verhalten, das die Voraussetzung für den angestrebten Erfolg bildet, erfolgreich ausführen kann. Wichtig ist also die Verknüpfung zwischen eigener Anstrengung und Erfolg. Dem liegt die Annahme zugrunde, dass Menschen bestrebt sind, Probleme und Aufgaben zielorientiert und rational zu bearbeiten, das heißt, dass sie aus ihren gegebenen Möglichkeiten jene auswählen, von denen sie am ehesten glauben, damit einen Erfolg zu erzielen (vgl. Petermann & Petermann, 2010).

Hegt man Zweifel an den eigenen Fähigkeiten und ist man besorgt über den Handlungsausgang, so behindert man sich selbst in der Problemlösung, da die Aufmerksamkeit von der zu bearbeitenden Aufgabe abgelenkt wird (vgl. Schwarzer, 1981). Dieser Prozess beschränkt zudem die aufgewendete Anstrengung und Ausdauer, man

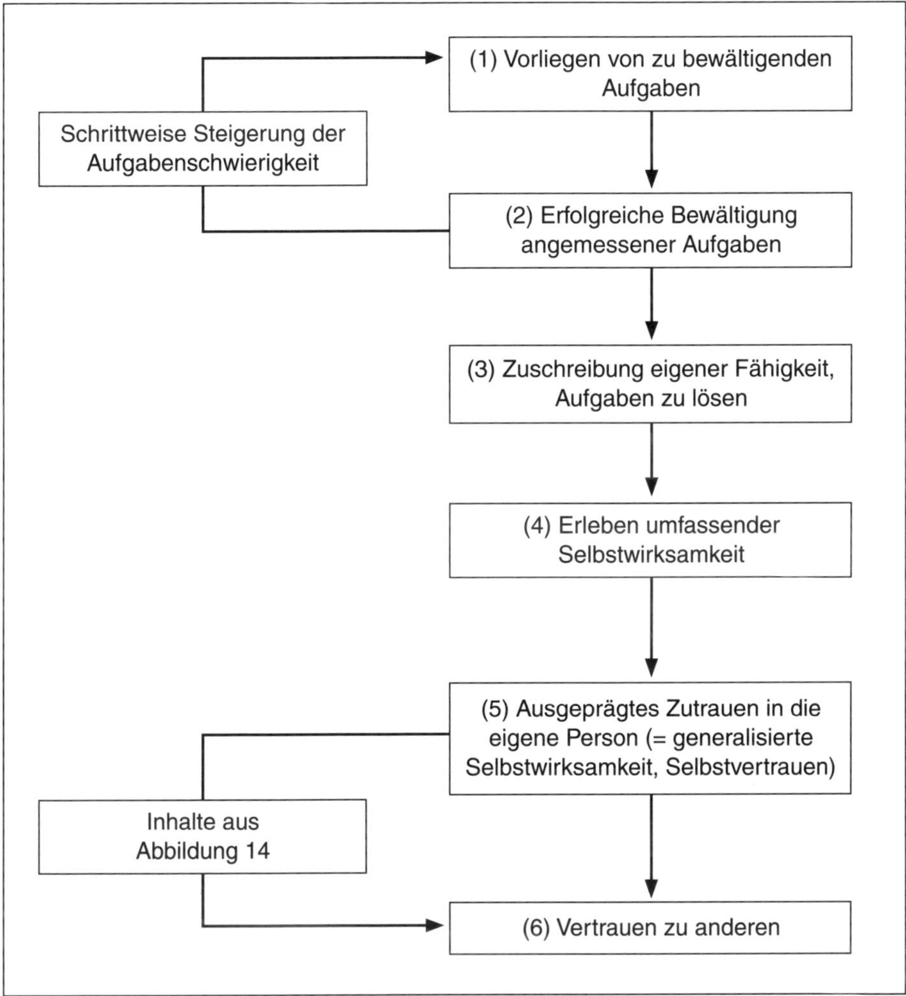


**Abbildung 15:** Verknüpfung von Selbstwirksamkeit und Vertrauen

gibt zu schnell auf und traut sich nichts mehr zu. Liegt ein positiv verlaufender Regulationsprozess vor, wie in Abbildung 15 dargestellt, dann traut man sich auch zukünftig entsprechend viel zu. Man glaubt an seine Fähigkeiten und die eigene Person. Es kommt zu einer verallgemeinerten (generalisierten) Selbstwirksamkeit, die Bandura mit einem ausgeprägten Selbstvertrauen gleichsetzt. Wir gehen darüber noch hinaus und nehmen an, dass erst eine auf diese Weise stabilisierte Persönlichkeit das Risiko wagen kann, anderen zu trauen. Ja sie mag sogar aus dieser Stärke heraus anderen längerfristig Vertrauen entgegenbringen, zumal sie einen enttäuschten Vertrauensvorschuss gut verkraften kann.

Die Erwartung, dass man sich selbst etwas zutraut, ist zwar eine Bedingung von Vertrauen, jedoch noch keine hinreichende Motivation dafür. Wir haben deshalb in unser Modell als notwendige Bedingungen für Vertrauen die Inhalte aus Abbildung 14 eingefügt. Von zentraler Bedeutung ist dabei eine geringe Selbstbezogenheit, wenig Konkurrenzdenken und ein ausreichendes Einfühlungsvermögen.

Leider kann Vertrauen in die eigene Kompetenz in manchen Fällen zu einem *übersteigerten Selbstbild* führen, das für die Bedürfnisse Anderer blind macht. Ein solches selbstbezogenes Verhalten wird wenig Platz bieten für zwischenmenschliches Vertrauen, da der Wert eines offenen Austausches gar nicht erkannt wird. Dem Betreffenden fehlt aufgrund zu starker Selbstbezogenheit eine wesentliche Voraussetzung für Vertrauen, die wir im Kapitel 5.1 ausgeführt haben: nämlich die Fähigkeit, *sich in den Partner einzufühlen* und ihm *gezielt Aufmerksamkeit zuzuwenden.* Vertrauen ist auch an das Bewusstsein eigener Schwächen gekoppelt, erst dann wird man nämlich zu schätzen wissen, wenn ein Partner diese Schwächen nicht für sich ausnutzt, obwohl er sie kennt. Es gilt also, trotz gezielter Kompetenzerlebnisse eine realistische Selbsteinschätzung zu bewahren. Geht man von den Merkmalen „Einfühlungsvermögen" und „Selbstwirksamkeit" als Voraussetzungen für Vertrauen aus, so wird man durch ihre verschiedenartige Ausprägung Unterschiede zwischen vertrauensvollen und misstrauischen Personen erklären können. Weiterhin liefern beide Merkmale aufgrund der mit ihnen verbundenen konkreten Verhaltensweisen umsetzbare Hinweise, in welcher Form Vertrauen *gezielt* gefördert werden kann.

## 5.3 Zusammenfassung

Durch den Rückgriff auf verschiedene Aspekte der sozial-emotionalen Entwicklung wird der Begriff „Vertrauen" präzisiert. Die Merkmale „Einfühlungsvermögen" und „Selbstwirksamkeit" können als Bausteine von Vertrauen aufgefasst werden. Erst durch ein ausreichendes Einfühlungsvermögen lässt sich das Risiko genauer abschätzen, das man eingeht, wenn man einem anderen Vertrauen schenkt. Voraussetzungen für ein solches Einfühlungsvermögen sind Merkmale wie niedrige Selbstbezogenheit und gezielte Aufmerksamkeitszuwendung. Diese verleihen Sicherheit und erleichtern Vertrauen. Selbstwirksamkeit wird über erfolgreich bewältigte Aufgaben erfahren. Eine auf diese Weise stabilisierte Person kann das Risiko eingehen, dem Gegenüber einen Vertrauensvorschuss zu gewähren. Die Vielzahl dieser Merkmale soll im nächsten Kapitel zu einem Prozessmodell zusammengefasst werden, das den Aufbau beziehungsweise Verlust von Vertrauen erklären will und somit eine Synthese der bisherigen Ansätze versucht.

# Kapitel 6

# Vertrauen als Prozess

Vermutlich entspricht der Prozess der Vertrauensbildung den Phasen der Entwicklung sozialer Beziehungen im Allgemeinen. Wenn nun Levinger und Snoek (1977) für Zweierbeziehungen eine Reihe von Verhaltensweisen angeben, anhand derer man den Entwicklungsstand einer Beziehung ablesen kann, so müssten sich solche Hinweise und Phasen auch speziell für vertrauensvolles Verhalten finden lassen. Erste Anregungen hierzu liefert die in Kapitel 4.6.1 referierte Studie von Haas und Deseran (1981), welche eine große Anzahl von Symbolen benennt, die Vertrauen anzeigen und die Zurückweisung von vertrauensvollen Gesten verdeutlichen. Die Autoren sehen Vertrauen als Folge von Vertrauensangeboten an, wie dem Tauschen von Geschenken oder von Liebessymbolen (z. B. Verlobungsringen). Ein solches symbolisches Vertrauensangebot kann auch missachtet werden, indem man zum Beispiel eine Einladung zurückweist, eine Hilfestellung nicht erfüllt oder auch Geschenke und Hilfen anderer nicht annimmt. In der Regel geht durch einen solchen Schritt Vertrauen verloren. Wir wollen diesen Gedanken ausweiten und Handlungen zu einem einfachen Schema zusammenstellen, die Aufschluss über Phasen des Aufbaus sowie Verlustes von Vertrauen geben.

## 6.1 Entwicklung von Vertrauen

Vertrauen durchläuft in einer Beziehung verschiedene Entwicklungsstadien (Lewicki & Bunker, 1995, 1996). Interpersonelles Vertrauen beginnt in der Regel mit einer Risikoabschätzung und basiert auf eher rationalen Faktoren. Im Laufe einer Beziehung nimmt das Wissen über den Partner zu: Das Wissen über seine Intentionen und über die Stabilität seines Verhaltens über die Zeit und unter bestimmten Bedingungen.

Lewicki und Wiethoff (2000) schlagen verschiedene Positionen vor, die Personen einnehmen können:

- *Kalkulationsbasiertes Vertrauen:* Grundlage ist u. a. positives Verhalten anderen Personen gegenüber.
- *Kalkulationsbasiertes Misstrauen:* Grundlage ist u. a. negatives Verhalten anderen Personen gegenüber.
- *Identitätsbasiertes Vertrauen:* Grundlage bilden gemeinsame Ziele, gleiche Interessen und Werte, die die Bindung an einen Partner stärken.

- *Identitätsbasiertes Misstrauen:* Grundlage bilden unvereinbare Ziele, ungleiche Interessen und Werte, die kaum oder gar nicht mit dem Gegenüber in Übereinstimmung zu bringen sind.

Man geht davon aus, dass durch das Wissen über die Intentionen des Partners und über die Stabilität seines Verhaltens in längeren Beziehungen die rationalen Faktoren (Kalkulationsbasiertes Vertrauen) an Wichtigkeit abnehmen und Beziehungsfaktoren (Identitätsbasiertes Vertrauen) in den Vordergrund treten (Rousseau et al., 1998). Kognitive Faktoren werden mehr und mehr durch affektive Faktoren abgelöst.

## 6.2 Vertrauensaufbau

Unsere Studie zur Arzt-Kind-Interaktion zeigte, dass man Vertrauen nur aufbauen kann, wenn die Kinder keine Angst verspüren. Danach setzt Vertrauen ein Mindestmaß an Sicherheit voraus. Sicherheit im zwischenmenschlichen Kontakt aber hängt davon ab, ob es gelingt, *Signale zu finden und zu entziffern,* die diesen Zustand bezeugen. Solche Signale können Gesten, verbale Ankündigungen und dergleichen sein; auf jeden Fall handelt es sich um Hinweise, aus denen man die Zuverlässigkeit und Berechenbarkeit seines Partners ablesen kann. Seligman (2010) gibt hierzu im Rahmen der Darstellung seiner Theorie der erlernten Hilflosigkeit eine Vielzahl illustrativer Beispiele.

Sicherheit vermitteln bedeutet auch, einem Partner bei drohendem, aber vermeidbarem Schaden zu helfen, diesen abzuwenden. Unzweifelhaft hängt die Fähigkeit, Sicherheitssignale zu empfangen, von verschiedenen Faktoren ab, die man grob nach biografisch verwurzelten und aktuellen Faktoren unterscheiden kann. Generalisiertes Vertrauen, wie es Rotter beschreibt, dürfte entscheidend von den *biografisch verwurzelten Faktoren* abhängen. So dürfte vor allem in der frühen Kindheit die Anwesenheit von Sicherheitssymbolen für die Entwicklung umfassenden Vertrauens wichtig sein (Scheuerer-Englisch, 1989). Vermutlich werden aufgrund von generalisiertem Vertrauen vermehrt Sicherheitssymbole wahrgenommen. *Aktuelle Faktoren,* die der Wahrnehmung von Sicherheitssymbolen und einem Sicherheitsgefühl entgegenstehen, beziehen sich auf das Ausmaß der objektiven wie auch der subjektiv empfundenen Bedrohung. Vor allem der Bedrohung durch eine vermeintliche Gefahr, bei der keine wirkliche Gefährdung vorliegt, kann durch einen gezielten Aufbau von Vertrauen entgegengewirkt werden. Ein solcher Aufbau umfasst mindestens die folgenden drei Phasen:

- Herstellen einer verständnisvollen Kommunikation,
- Abbau von bedrohlichen Handlungen und
- gezielter Einsatz von vertrauensauslösenden oder -fördernden Handlungen.

Entscheidend ist, dass in allen drei Phasen derjenige konsistentes Verhalten zeigen muss, der Vertrauen beim Gegenüber aufbauen will; nur so können die damit verbundenen Sicherheitssignale als solche erkannt werden. An dieser Stelle wäre zu überlegen, an welchem Punkt die Entwicklung von Vertrauen negative Tendenzen aufweist. Um dies abzuklären, müsste man definieren, ab wann durch Sicherheitssignale nicht mehr *Vertrauen,* sondern *Abhängigkeit* geschaffen wird. Für letzteren Fall könnte von Bedeutung sein, dass keine Hilfestellungen zur selbstständigen Bewältigung von Alltagssituationen gegeben wurden. Stattdessen kontrollierte die Sicherheit signalisierende Person das Verhalten des Partners. Zur Anordnung der Phasen ist noch anzumerken, dass die jeweilige vorausgehende Phase für die nachfolgende eine notwendige, jedoch nicht hinreichende Bedingung darstellt. Die Ziele dieser Phasen lassen sich durch Handlungsweisen erreichen, die im Einzelnen beschrieben werden sollen und auch in Abbildung 16 enthalten sind. Bei der Darstellung versetzen wir uns in die *Rolle eines Partners, der Vertrauen aufbauen will.* Teilweise vertiefen wir die Ausarbeitungen aus den qualitativen Befunden früherer Studien.

*Phase 1: Herstellen einer verständnisvollen Kommunikation.* Grundlegend hierfür ist, dass die Person, die Vertrauen aufbauen möchte, uneingeschränkt zuhört und Blickkontakt unterhält. Bei Familienmitgliedern oder engeren freundschaftlichen Beziehungen erstreckt sich eine verständnisvolle Kommunikation auch auf Körperkontakt. Wesentlich ist weiterhin die intensive Zuwendung. Das bedeutet, dass Kleinigkeiten und kleine Veränderungen beim Partner im Hinblick auf die Gestik, Mimik, Körperhaltung und das sprachliche Verhalten registriert und ihm rückgemeldet werden: Dazu ist Konzentration auf den Partner erforderlich, um sich in ihn einfühlen, das heißt seine Ängste, Befürchtungen, Wünsche und Forderungen sensibel wahrnehmen zu können. Erst nachdem diese vielfältigen Informationen verarbeitet sind, kann man mit dem Partner verständnisvoll kommunizieren.

*Phase 2: Abbau bedrohlicher Handlungen.* Sehr viele Handlungen – vor allem gegenüber Partnern, die sich unterlegen fühlen oder es in der Tat sind – können ohne Absicht bedrohlich wirken. Diese Bedrohung kann *nur durch geplantes Verhalten* abgebaut werden, da oft schon Spontaneität oder besonders emotionales Zuwenden beängstigend wirkt. Anders formuliert: Bedrohung tritt immer dann auf, wenn der Partner die Information seines Gegenübers nicht oder nicht unmittelbar einordnen kann, den Faden oder die Orientierung verliert, sich benachteiligt oder einfach nicht angesprochen fühlt. Hält dieser Mangel an Sicherheitssignalen langfristig an, dann wird der Partner passiv, er wagt keine Kontaktversuche mehr und kann deshalb kein vertrauensvolles Verhalten aufbauen.

Der eben angesprochenen Desorientierung kann dadurch entgegengewirkt werden, dass man sich darum bemüht, sein Verhalten durch *eindeutige* und für den Partner berechenbare Handlungszüge durchschaubar zu machen. Oft können hierzu kurze, klare Begründungen des eigenen Handelns hilfreich sein. Man muss also für den Partner berechenbar sein, um als vertrauenswürdig wahrgenommen zu werden. In der Regel müssen Interaktionen ein Mindestmaß an Struktur aufweisen, um dieser Anforderung zu entsprechen. Struktur bedeutet, dass die Anforderungen an den Partner, von dem

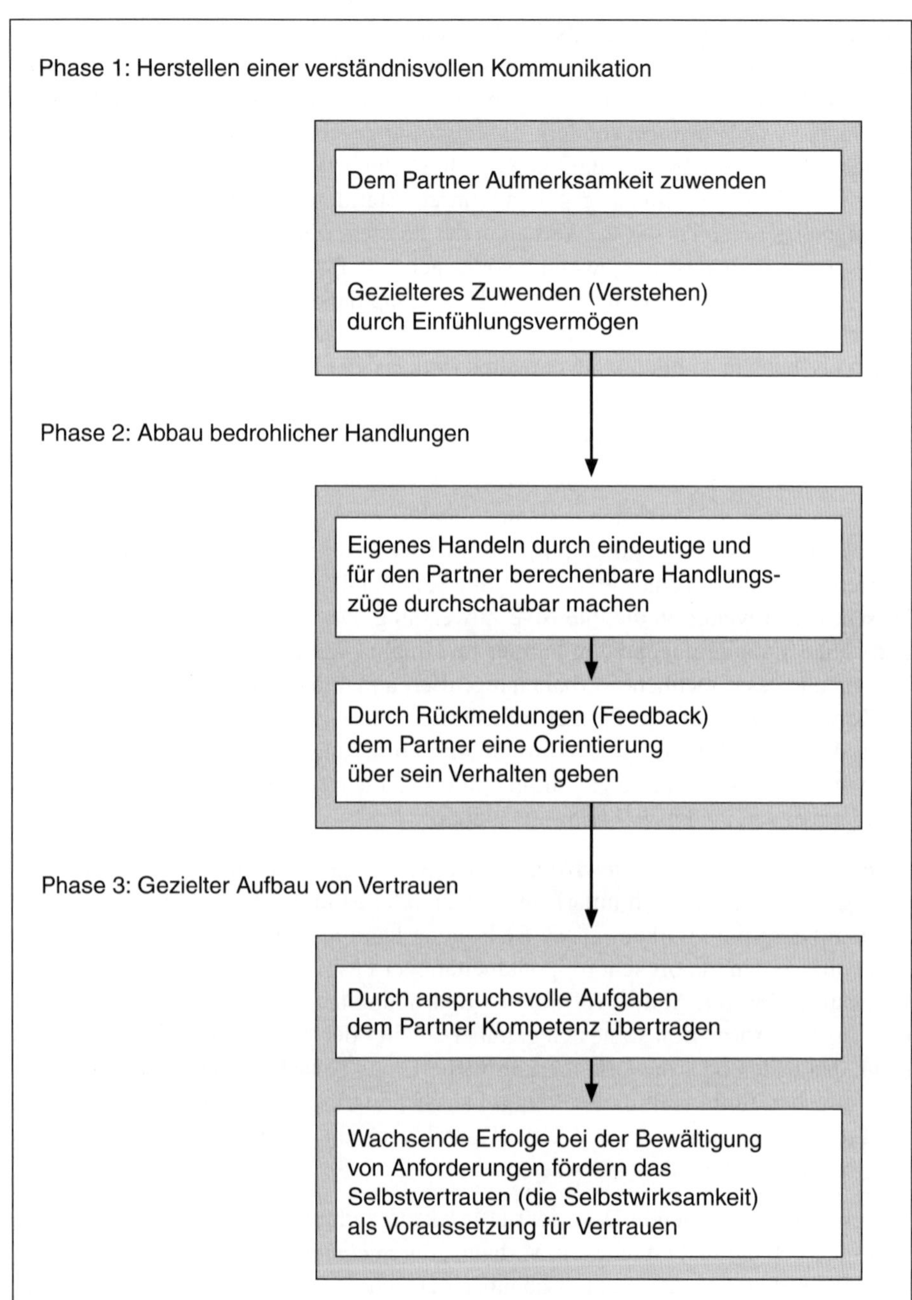


**Abbildung 16:** Drei-Phasen-Modell des Vertrauensaufbaus

man vertrauensvolles Verhalten erwartet, klar ausgesprochen werden. Werden solche Absprachen nicht getroffen oder geschickt zweideutig gehalten, dann erzeugt dies Unsicherheit. Hätten die Ärzte den zu behandelnden Kindern nur verschwommen mitgeteilt, dass die Behandlung schmerzhaft ist (etwa „Du wirst dann wieder schnell gesund!"), dann hätte keine klare Struktur vorgelegen. Die Kinder hätten Erwartungen aufbauen können, die nicht erfüllbar sind, und die Krankheit würde als unvorhersehbares Schicksal gedeutet. Sind für das Kind jedoch die Handlungen des Arztes vorhersehbar, dann kann der Arzt in einer solchen Atmosphäre positive und negative Rückmeldungen etwa bezüglich der regelmäßigen Einnahme von Medikamenten dem Kind geben, die ihm helfen, die weitere Erkrankung besser zu bewältigen. Rückmeldungen wären damit zentrale Orientierungshilfen für die Ausrichtung des eigenen Verhaltens. In unserer Studie lobten die Kinderärzte die Kinder für ihre aktive Mitarbeit bei der Untersuchung, kritisierten sie aber, wenn sie durch ihre Zappeligkeit sich selbst Schmerzen zufügten oder die Untersuchung unnötig verlängerten.

*Phase 3: Gezielter Aufbau von Vertrauen.* Erst in dieser letzten Phase wird durch gezielt herbeigeführte Handlungen Vertrauen systematisch aufgebaut. Dies kann dadurch geschehen, dass man den anderen bittet oder auffordert, etwas durchzuführen, oder indem man Bedingungen schafft, die aus sich heraus einen gewissen Handlungsdruck erzeugen und ein Ausweichen nicht ermöglichen. Der Handlungsdruck wiederum muss sich auf Tätigkeiten beziehen, die mit großer Wahrscheinlichkeit erfolgreich bewältigt werden können. Solchermaßen angestrebtes Vertrauen wird zunächst gleichgesetzt mit Vertrauen in die eigenen Fähigkeiten. Dabei wird unterstellt, dass Vertrauen nicht ausschließlich in Gesprächen „suggeriert", sondern durch erlebte Kompetenz im Handeln aufgebaut werden muss. Kompetenzen entwickeln sich nicht selbstständig, vielmehr benötigt der Partner Unterstützung. Diese kann sehr unterschiedlich aussehen: außer den bewusst erzeugten Handlungen hat sich vor allem bewährt, Kompetenzen abzugeben. Gerade durch das Übertragen einer bewältigbaren und dennoch anspruchsvollen Aufgabe erfährt der Partner, dass man ihm etwas zutraut. Dies war in unserer Kinderarzt-Studie nur begrenzt möglich (in Ansätzen praktiziert beim Erklären und weitgehend eigenständigen Erkunden der Geräte). Der berichtete Sachverhalt besitzt weitreichende Folgen für die Kindererziehung. Werden Kinder zu lange verwöhnt und unselbstständig gehalten, dann können sie keine Kompetenzen und folglich kein Selbstvertrauen aufbauen. Es wird ihnen dadurch eine wichtige Voraussetzung für die Entwicklung von Vertrauen vorenthalten.

Ein Partner erlebt dann besonders nachhaltig seine Kompetenzen, wenn die Aufgaben zwar bewältigbar, aber nicht zu leicht sind und nur mit Anstrengung bearbeitet werden können. Der Begriff „Aufgaben" meint hier alltägliche Handlungen, die man oft gar nicht als besondere Anforderungen erkennt, da sie häufig schlecht voneinander abgegrenzt sind. Sie können in beruflichen Leistungsanforderungen oder sportlichen Betätigungen bestehen, sich aber auch auf konkretes Sozialverhalten, wie ein Kompliment aussprechen, eine Kritik formulieren oder Ähnliches beziehen. Durch allmählich schwierigere Aufgaben und deren erfolgreiche Bewältigung steigt das

Selbstvertrauen; es ist jedoch unerlässlich, dass der Partner sich *selbst* die Erfolge zuschreibt und nicht äußere glückliche Umstände oder die Einfachheit der Aufgabe dafür verantwortlich macht. Nur unter diesen Bedingungen erlebt er sein Verhalten als effektiv und traut sich noch Schwierigeres zu, was zu einer erhöhten Verhaltenssicherheit und einem verbesserten Selbstvertrauen führt (vgl. Bandura, 1977; Bandura & Schunk, 1981). In diesem Sinne bildet Selbstvertrauen ein zentrales Merkmal des Selbstkonzeptes.

## 6.3 Ein Praxisbeispiel: Vertrauensaufbau in der Kinderpsychotherapie

In dem intensiven Kontakt im Rahmen einer Kinderpsychotherapie verstärken sich vertrauensbezogene Verhaltensweisen wechselseitig. Vor allem glaubwürdige positive verbale und nonverbale Rückmeldungen des Erwachsenen (Therapeuten) in einem solchen Kontext wirken vertrauensfördernd. Vertrauensvolle Verhaltensweisen auf Seiten des Therapeuten äußern sich in Form folgender Reaktionen:

- selbstexplorative Äußerungen,
- positive Bemerkungen über die aktuelle Interaktion, sowie
- um Feedback und Hilfe bitten.

### *6.3.1 Vertrauen als Basis therapeutischen Handelns*

Eine entscheidende Vorbedingung für einen Erfolg in der Kinderpsychotherapie ist der schrittweise Vertrauensaufbau. Wir haben drei wichtige Phasen wie das Herstellen einer verständnisvollen Kommunikation, den Abbau bedrohlicher Handlungen und konkrete vertrauensbildende Maßnahmen besprochen. In allen Phasen sind Verhaltensweisen angezeigt, die das Kind eindeutig als Vertrauensbeweise interpretieren kann. Eine dies berücksichtigende „Psychotherapie“ bietet Platz für „beschützte“ Erfahrungen, die es einem Kind gestatten, ein spezifisches Kompetenzgefühl zu entwickeln, das zur Verhaltenssicherheit beiträgt und das Selbstvertrauen erhöht.

Eine Reihe von Autoren geben auf dem Hintergrund der Lerntheorie Empfehlungen, wie in der therapeutischen Praxis Vertrauen begünstigt wird (vgl. Krumboltz & Potter, 1980; Petermann & Petermann, 2010, 2012). Die wichtigsten vertrauensfördernden Verhaltensweisen des Therapeuten enthält der nachfolgende Kasten. Bei der Darstellung wurde in grundlegende Strategien und gezieltes, lerntheoretisch begründbares Verhalten gegliedert.

Die grundlegenden Verhaltensweisen wurden bereits in diesem Buch näher erläutert. So wurde an verschiedenen Stellen betont, dass nur durch strukturiertes und damit durchschaubares Handeln der Therapeut dem Kind Sicherheit vermittelt. Kalkulierbares, vertrauensvolles Therapeutenverhalten lässt dieses nachahmenswert erscheinen und gibt dem Kind Orientierungshilfen für neue positive Erfahrungen. Anders formuliert: Das Kind wird dadurch ermutigt, sich dem Therapeuten mitzuteilen und vorbehaltlos mit ihm zu kooperieren.

**Vertrauensförderndes Therapeutenverhalten**

*Grundlegende Verhaltensweisen*
- Für das Kind durchschaubares und strukturiertes Handeln praktizieren.
- Interesse am Kind zeigen, es akzeptieren und seine Vorschläge aufgreifen.
- Dem Kind keine falschen oder ungenauen Informationen geben.
- Dem Kind Verantwortung übertragen und es dadurch Kompetenzen erfahren lassen.
- Das Kind direkt ansprechen und fragen (z. B. bei Problemen).
- Freude zeigen und berechtigten Ärger ausdrücken.
- Dem Kind gegenüber optimistische Erwartungen äußern.

*Gezielte Verhaltensweisen im Sinne der Lerntheorie*
- Modell für vertrauensvolles Verhalten sein.
- Verstärken von selbstexplorativen Äußerungen.
- In einer belastenden Situation das Kind durch Körperkontakt unterstützen (z. B. Hand auf die Schulter legen) und ihm damit Handlungen erleichtern.
- Dem Kind eindeutige und klare Rückmeldungen geben.
- Positive Seiten des Kindes besonders betonen (loben).
- Orientierung geben, z. B. indem Regeln für erwünschtes Verhalten aufgestellt werden.
- Verstärken erwünschten Verhaltens.
- Löschen unangemessener Verhaltensweisen durch Ignorieren bzw. Unterbrechen.
- Ein konkretes Vorgehen festlegen und auf dessen Einhaltung achten.
- Anregungen für kleine Schritte geben, die dann durch differenzielle Verstärkung in Richtung auf das erwünschte Verhalten gelenkt werden.

Andere Strategien, beispielsweise direktes Ansprechen und Fragen bei schwierigen Situationen, verhindern, dass soziale Unsicherheit überhaupt aufkommen kann. Gewisse Prinzipien – wie etwa „optimistische Erwartungen im Umgang mit dem Kind äußern“ – sind so grundlegend, dass sie fast schon zur „therapeutischen Weltanschauung“ gehören sollten. Viele Verhaltensbeobachtungen zeigen aber, dass neben diesen relativ gut greifbaren Verhaltensweisen eine Reihe von personengebundenen Sympathiemerkmalen, wie Geschlecht, Alter, Körperbau, Haartracht, Sprechweise, eine besonders mütterliche oder kumpelhafte Haltung zumindest in der Anfangsphase des Kontaktes den Vertrauensaufbau begünstigen oder auch erschweren.

Die meisten grundlegenden Verhaltensweisen im Umgang mit Kindern sind zwar vage gefasst, lassen sich aber gut durch gezielte Verhaltensweisen präzisieren; sie verlieren damit glücklicherweise sehr viel von ihrer nebulösen Faszinationskraft. Ein Beispiel hierfür ist die Umschreibung „Interesse am Kind zeigen und es akzeptieren", das sich wie folgt konkretisieren lässt: Der Therapeut sollte sich für die Mitteilungen des Kindes, seine Sorgen, Hobbys und Ähnliches interessieren und behält besonders Markantes und für das Kind Besonderes im Gedächtnis, um bei Gelegenheit wieder darüber zu reden. Dies signalisiert dem Kind nicht nur Interesse an seiner Person, sondern schafft auch ungezwungene Kontaktmöglichkeiten. Durch eindeutige und klare Rückmeldung über positives Verhalten gewinnt es Kompetenzerlebnisse und fühlt sich akzeptiert. Selbstverständlich muss diese Zuwendung durch Gestik, Mimik und Worte für das Kind erkennbar sein. Auch Vorschläge des Kindes können unter Abwägung der Therapieziele, etwa beim Aushandeln des Therapievertrages, aufgenommen werden. In einem sogenannten Therapievertrag werden die Bedingungen des therapeutischen Kontaktes, wie Rechte und Pflichten von Kind und Therapeut, sowie die Länge und die Anzahl der Sitzungen festgelegt. Dieser Therapievertrag bewirkt eine hohe Selbstverpflichtung beim Kind und wird im Rahmen unserer Arbeit standardgemäß bei unsicheren sowie aggressiven Kindern eingesetzt (vgl. Petermann & Petermann, 2010, 2012). Ein solches Auf-es-Zugehen wirkt für das Kind verstärkend.

Akzeptierendes Verhalten des Therapeuten dem Kind gegenüber kann sich auch in dem Prinzip niederschlagen, dem Kind schrittweise *Verantwortung* für das Geschehen innerhalb und außerhalb der Therapie zu übertragen. Im Rahmen unserer therapeutischen Arbeit führt das Kind selbstständige Verhaltenseinschätzungen und Übungen zu Hause durch. Es erhält dazu konkrete Hinweise, die ihm den Beginn dieser schwierigen Aufgaben erleichtern. In späteren Therapiephasen kann das Kind auf diese Hilfen verzichten, und es erfährt dadurch, dass es immer stärker Verantwortung selbst übernehmen kann.

Im Folgenden wollen wir einzelne Phasen des Vertrauensaufbaus (der „Vertrauenspflege") näher betrachten.

## 6.3.2 Erstkontakt

Das größte Hindernis beim Erstkontakt bilden die diffusen Erwartungen über das therapeutische Vorgehen. Diese Unsicherheit wird geschürt durch teilweise für das Kind schwer einzuordnende Informationen von Seiten der Schule, der Eltern oder des Therapeuten selbst. Solange das Kind keine Sicherheit über den Therapieverlauf besitzt, wird kein Vertrauen entstehen. So sollte der Therapeut, wenn er strukturiert, fordernd und trainingsmäßig vorgeht, die Treffen mit dem Kind unmissverständlich als „Arbeit" definieren, die auch unangenehme Züge besitzt, sich aber von schulischer Arbeit unterscheidet. Das Kind bekommt dadurch von Anfang an das Gefühl, durch eigene Anstrengungen Anforderungen bewältigen und belastende Situationen beeinflussen zu können. Neben dem „Man kann was tun!“ soll jedoch der Therapeut auch den Eindruck „Du kannst schon was!“ und „Du bist wer!“ vermitteln.

Im Erstkontakt wird der Vertrauensaufbau durch detaillierte Informationen über die Therapie und durch klare Übereinkünfte mit dem Kind erleichtert. Letztere müssen offenkundig sein und in kooperativer Weise, etwa im Rahmen eines Therapievertrages, ausgehandelt und festgehalten werden. Kooperativ bedeutet, dass das Kind zumindest die Möglichkeit besitzt, Vorbehalte gegenüber dem geplanten therapeutischen Vorgehen anzumelden. Auf jeden Fall ist es über die Länge der Sitzungen und die wahrscheinliche Anzahl der Treffen aufzuklären.

Im Erstkontakt etwa mit unsicheren Kindern kommt es vor, dass diese nur antworten, wenn sie angesprochen sind, und auch dann nur sehr einsilbig mit „Hm“, „Ja“, „Nein“ oder einem Schulterzucken. Bei solchen „verschlossenen“ Kindern können folgende Verhaltensweisen des Therapeuten den Vertrauensaufbau fördern:

- Geduldig, erwartungsvoll zuhören; die wenigen Aussagen anerkennen und gegebenenfalls weiterentwickeln; das Kind aber direkt fragen, ob dies in seinem Sinne geschah; dann darauf achten, ob es bei seiner Aussage bleibt.
- Dem Kind an passenden Stellen sagen, dass auch andere Kinder immer wieder Schwierigkeiten haben, sich auszudrücken, dass dies aber nicht schlimm ist.
- Dem Kind generell Mut machen, sich auszudrücken; sagen, dass man auch ruhig mal Unsinn oder Quatsch sagen kann usw.

### 6.3.3 Therapeutischer Einzelkontakt

In der weiteren Kontaktgestaltung wird es immer wieder für das Kind wichtig sein, dass der Therapeut schrittweise und ausdauernd die gesteckten Ziele verfolgt. Von großer Bedeutung in diesem Zusammenhang ist, dass er sich auf das Kind konzentriert, ihm gezielt Aufmerksamkeit zuwendet und sich in es einfühlt. Hinderlich wirkt auf jeden Fall eine moralisierende Haltung, falsche, nicht einhaltbare Versprechen oder eine Über- und Unterforderung des Kindes.

Da Vertrauen an die erlebte, eigene Selbstwirksamkeit gekoppelt ist, darf man das Kind nicht mit zu vielen und/oder zu schwierigen Aufgaben konfrontieren. Diese hätten zwangsläufig zur Folge, dass sie nicht bewältigt werden können. Häufig erlebte Gefühle der Unfähigkeit, Überforderung und als Niederlage empfundene Ereignisse führen zum kindlichen Vertrauensverlust. Dem kann man vorbeugen, indem man die Ziele der Therapiesitzungen nach ihrer Schwierigkeit hierarchisch ordnet. Anhand dieser Zielhierarchie merkt der Therapeut leicht, wenn ein Kind überfordert ist, so dass er die Ziele wiederholen und vor allem auf einem einfacheren bzw. weniger bedrohlichen Niveau bearbeiten kann.

Durch Rollenspiele, in denen der Therapeut selbst mitspielt, und durch die anschließende Diskussion darüber wird das Kind mit dem Therapeuten vertraut, wobei es zugleich durch die Rolle „geschützt" ist. Dieses planvolle Vorgehen vertieft den Kontakt zwischen Kind und Therapeut und baut Misstrauen ab. Zudem kann der Therapeut in Rollenspielen als Modell auf das Verhalten des Kindes wirken.

Bei Kindern, die sich gegenüber Rollenspielen sperren, kann folgendes Therapeutenverhalten die Vertrauensbildung fördern und zum Spiel ermutigen:

- Dem Kind mitteilen, dass es sich eine Rolle selbst aussuchen darf.
- Mit dem Kind genau durchsprechen, was getan werden soll.
- Während des Spiels dem Kind helfen, sich auszudrücken, die Rolle zu spielen (z. B. sich hinter das Kind stellen, für es sprechen).
- Das Kind nachher loben und Verhaltensdefizite besprechen, eventuell das Spiel wiederholen.
- Auf keinen Fall das Kind aus der Pflicht lassen, ohne es jedoch allzu sehr zu bedrohen; wichtig ist, dass das Kind Kompetenzerlebnisse erfährt, die die Basis für Selbstvertrauen und letztlich Vertrauen bilden.

### 6.3.4 Therapeutischer Gruppenkontakt

Da die Gruppentherapie als solche vom Therapeuten besondere Flexibilität verlangt, wird vorab für alle Treffen eine gleichartige Struktur festgelegt, die den Kindern konkret vermittelt, was sie zu erwarten haben. Für den Aufbau und Erhalt von Vertrauen ist auch hier das oben beschriebene Prinzip der Selbstwirksamkeit zu beachten.

Unter Umständen war das Verhältnis zwischen Kind und Therapeut in einem der Gruppentherapie vorhergehenden Einzelkontakt so intensiv, dass bei der zeitlich nachgeordneten Arbeit mit einer Gruppe Probleme auftreten, da das Kind den Therapeuten mit anderen Kindern teilen muss. In dieser Situation kann zunächst das vertrauensvolle Verhalten der Kinder abgeschwächt werden und sich erst durch die erfolgreiche Bewältigung der belastenden Gruppensituation wieder vertiefen. Die Kinder können dadurch zueinander Vertrauen fassen, indem sie sich etwa in Rollenspielen gegenseitig unterstützen oder Erlebnisse und Erfahrungen untereinander austauschen. Auch in dieser, für die Vertrauensbildung wichtigen Phase kann man den Kindern durch strukturierte Aufgaben, etwa gelenkte Rollenspiele oder eine klare Aufgabenaufteilung mit erkennbaren Erfolgschancen, Hilfestellung zuteilwerden lassen. Eine schwierige Lage tritt ein, wenn ein Kind sich durch die Gruppe gehemmt fühlt, es starr und verkrampft an einem einmal gefundenen Platz „klebt" und die Nähe der anderen Kinder meidet. In einer solchen Situation können folgende Verhaltensweisen des Therapeuten helfen, das Kind aus der „Reserve" zu locken:

- Gruppenübungen und Spiele vorschlagen, bei denen das Kind durch die Gruppe „mitgezogen" wird.
- Der Therapeut bewegt sich selbst betont ungezwungen, hat eine entspannte Körperhaltung (Modellwirkung).
- Hinderliche Einrichtungsgegenstände aus dem Zimmer entfernen; vor allem sollte das Mobiliar keineswegs eine steife, unnatürliche Körperhaltung begünstigen.

Eine andere schwierige Situation ist gegeben, wenn ein Kind immer im Mittelpunkt stehen und alles bestimmen will, nicht zuhören kann und kaum kompromissfähig ist. In diesem Falle müsste der Therapeut – allein schon, um das Vertrauen der anderen Kinder nicht aufs Spiel zu setzen – folgende Verhaltensweisen in Erwägung ziehen:

- Der Therapeut ignoriert das störende Verhalten und fordert die anderen Kinder auf, es ebenfalls zu ignorieren.
- Der Therapeut versucht, durch ein Rollenspiel das Verhalten des „Störenfriedes" mit der Gruppe zu bearbeiten.

Vielfach wird man nicht umhin kommen, den „Störenfried" mit seinem problematischen Verhalten zu konfrontieren, besonders wenn es sich um provokatorisches, verletzendes Verhalten gegenüber einem anderen Kind handelt. In solchen Fällen lässt der Therapeut den Peiniger das Gefühl des „Opfers" erleben (vgl. Petermann & Petermann, 2012): Ein Kind äußert: „Was, du bist schon elf und kannst noch nicht richtig lesen? Ich konnte aber schon mit acht lesen!" Der Therapeut entgegnet sofort: „Und du bist schon zwölf Wochen im Training und hast immer noch nicht gelernt, weniger anzugeben. Das ist ganz schön schwach von dir!" Der Therapeut lässt die Aussage kurz auf das Kind wirken, fragt es dann nach seinen Gefühlen, nachdem es selber verletzt wurde, und leitet über zu den Gefühlen des „Opfers". Zeigt der Therapeut Verständnis für die verletzten Gefühle des „Angebers" und macht er deutlich, dass er sich nur so verhalten hat, um ihm etwas nachvollziehbar zu machen, erleichtert er dem verletzenden Kind, sich in sein „Opfer" einzufühlen. Wirkt dieses Verhalten nicht als unangemessene Bedrohungs- oder Strafaktion, dann tritt auch kein Verlust an Vertrauen auf; das Verhalten des Therapeuten wird vielmehr als natürliche Folge des eigenen Handelns akzeptiert.

### 6.3.5 Therapeutische Handlungsrichtlinien

Im Rahmen des Aufbaus von Vertrauen sollte ein Therapeut dem Kind signalisieren, dass es von ihm be- und geachtet wird (z. B. durch direkte Ansprache, durch vorsichtigen Körperkontakt, durch Freude-Zeigen). Von Vorteil ist es, wenn es in eine Kindergruppe integriert ist und von ihr akzeptiert wird. Vor allem aber muss das Kind erleben, dass es etwas bewirken kann. Der Therapeut unterstützt diese Entwicklung, indem er zu kleinen Schritten ermutigt und diese belohnt, Anregungen gibt und zuversichtliche Worte an das Kind richtet, die sich positiv auf das Selbstvertrauen auswirken. Durch die sich allmählich entwickelnde vertrauensvolle Grundhaltung und vor allem durch die erfahrene Selbstwirksamkeit wird dem Kind klar, dass es sein Verhalten zum eigenen Vorteil und zum Vorteil anderer beeinflussen kann. Die Kinder lernen zum Beispiel, sich angemessen zu behaupten oder mit anderen Kontakte zu knüpfen. Die Effekte dieser wahrgenommenen Selbstwirksamkeit schlagen sich im konkreten Verhalten, in Erwartungen hinsichtlich zukünftiger Kompetenz und im Selbstwertgefühl nieder. In der Folge wird ein Kind sicherer, da es nun weiß, wie es sich und seine Fähigkeiten in eine Situation einbringen und Kontakt zum Therapeuten oder anderen Kindern aufnehmen kann. Eine solche auf erfahrener Selbstwirksamkeit beruhende Sicherheit schafft Selbstvertrauen und erleichtert es einem Kind, auch zu anderen Vertrauen aufzubauen.

## 6.4 Vertrauensverlust

Vertrauen stellt zwar einen Kredit im Rahmen einer zwischenmenschlichen Beziehung dar, jedoch kann sich dieser schnell erschöpfen, wenn einige Prinzipien, die Vertrauen aufrechterhalten, nicht beachtet werden. In Anlehnung an Kapitel 6.2 werden wieder drei Phasen des Abbaus von Vertrauen unterschieden:

- Zerstören einer vertrauensvollen Kommunikation,
- Wahl bedrohlicher Handlungen und
- gezielter Vertrauensbruch.

Zur Interpretation von Abbildung 17 ist anzumerken, dass Vertrauen in allen drei Phasen zerstört werden kann. Da auch hier die Phasen in eine Abfolge gebracht sind, bedeutet dies, dass ein ungeschicktes Verhalten in Phase 1 alle weiteren Bemühungen um Vertrauen in Phase 2 und 3 zunichtemacht. So kann also ein „kleiner" Fehler in einem frühen Stadium des Vertrauensaufbaus schwerwiegende Folgen besitzen. Wir geben wieder eine detaillierte Beschreibung:

- *Phase 1: Zerstören einer vertrauensvollen Kommunikation.* Eine zu starke Selbstbezogenheit stellt sicherlich ein Haupthindernis im Kommunikationsprozess dar. Typische Formen selbstbezogener Kommunikation resultieren aus einer zu starken Selbstdarstellung eines Partners und der damit verbundenen unzureichenden Beachtung der Bedürfnisse des Gegenübers. Letztlich wird dadurch Einfühlungsvermögen in den anderen verhindert. In solchen Fällen kommunizieren die Partner aneinander vorbei. Dies wiederum hat oft zur Folge, dass Entscheidungen unzureichend koordiniert und gegebenenfalls von einem Partner als starke Einschränkung der eigenen Entscheidungsfähigkeit empfunden werden. Solche Handlungen zerstören schließlich auch die Motivation, eine Beziehung aufzubauen oder aufrechtzuerhalten.
- *Phase 2: Wahl bedrohlicher Handlungen.* Bedrohliches Verhalten in Beziehungen ist häufig unbeabsichtigt und stellt deshalb für den Betroffenen ein schwer vorhersehbares, willkürlich erscheinendes Verhalten dar. Oft wirken zu viele und zu wenige Ratschläge oder Hinweise desorientierend auf den Partner, da er solche schwer kalkulierbaren Verhaltensweisen schlecht einordnen kann. In manchen Fällen können auch Schmeicheleien als bedrohlich wahrgenommen werden und Misstrauen verstärken (vgl. Gibb, 1972, S. 306). Generell kann man festhalten, dass das Fehlen von Rückmeldung desorientierend, einseitige Rückmeldung dagegen bedrohlich wirken kann. Beides kann einen Verlust von Vertrauen nach sich ziehen.
- *Phase 3: Gezielter Vertrauensbruch.* In vielen Studien zum Phänomen „Vertrauen" werden Zynismus und die Geringschätzung von Kompetenzen des Part-

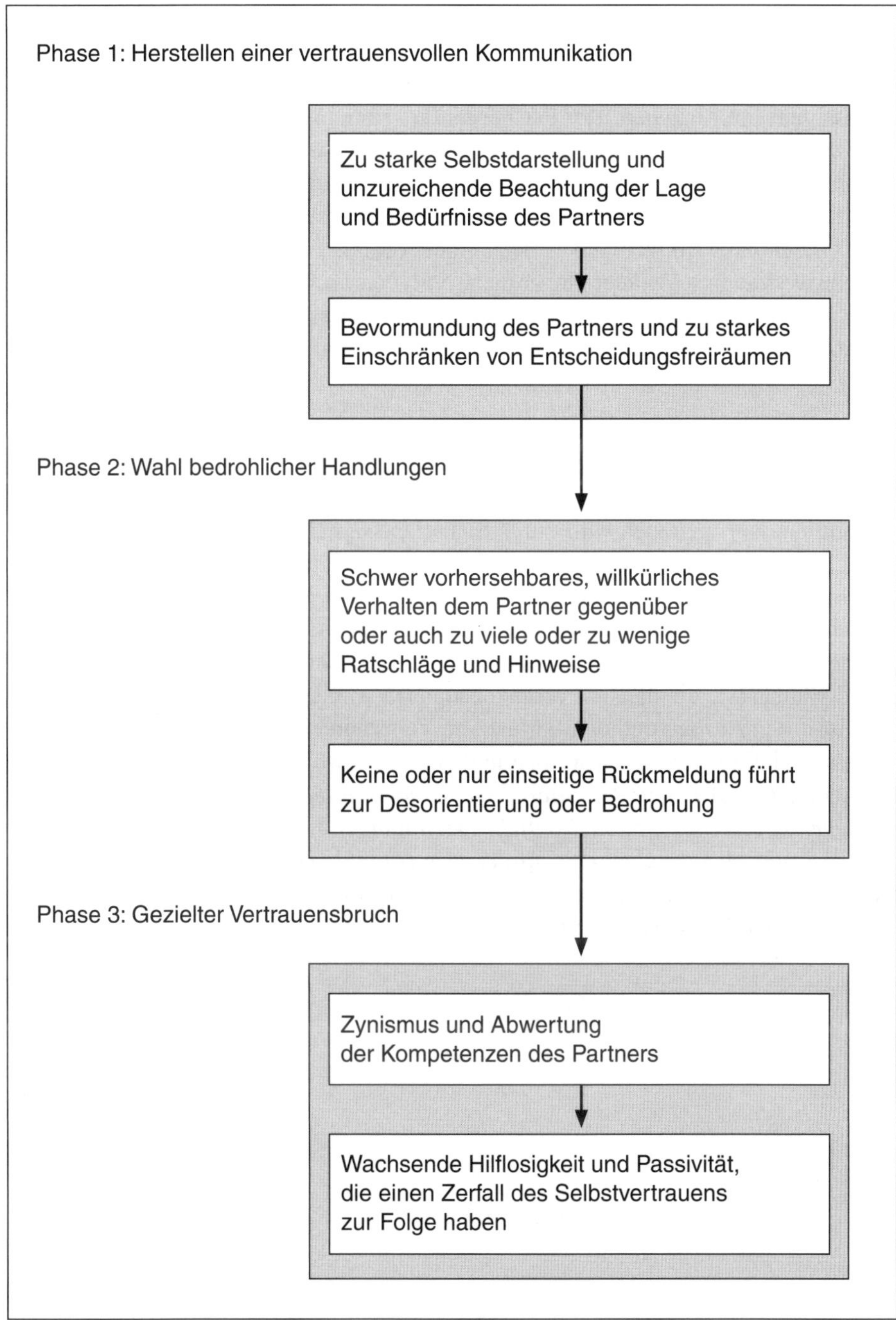


**Abbildung 17:** Drei-Phasen-Modell des Vertrauensverlustes

ners als Merkmale des Vertrauensbruchs gewertet (vgl. Gibb, 1972; Zand, 1977). Gerade in einer ungleichen Beziehung (zum Beispiel zwischen einem Kind und Erwachsenen) dürfte sich als Folge dieses Verhaltens wachsende Hilflosigkeit und Passivität breit machen. Der Partner merkt – durchaus im Sinne der Theorie der erlernten Hilflosigkeit von Seligman (2010) –, dass er sich nicht gegen die „Maßnahmen" (z. B. die Geringschätzung seiner Kompetenzen) wehren kann und dass alle Anstrengungen letztlich nur noch seine Unfähigkeit oder Hilflosigkeit belegen. Oft treten dann im weiteren Verlauf große Verhaltensunsicherheiten auf, und das Selbstvertrauen schwindet immer mehr (vgl. Petermann & Petermann 2010). Es ist zu vermuten, dass durch das verringerte Selbstvertrauen auch die Kooperationsbereitschaft und damit die Häufigkeit des Kontaktes mit anderen abnimmt.

## 6.5 Zusammenfassung

Der Aufbau von Vertrauen wird durch Sicherheitssignale erleichtert, die in verschiedenen Phasen der menschlichen Entwicklung vom Kleinstkind bis zum Greis unterschiedliche Formen annehmen können. Gleich ist jedoch die Funktion solcher Signale: Sie verringern soziale Angst und bieten eine Orientierungshilfe – auch und gerade darüber, wann und wem man Vertrauen schenken kann. Auf diesem Hintergrund können wir die meisten vorangegangenen Aussagen über Vertrauen und speziell über den Aufbau und den Verlust von Vertrauen einordnen bzw. strukturieren. Es lassen sich für Vertrauensaufbau und -verlust jeweils drei Phasen angeben. Sie beziehen sich auf (1) *die Qualität zwischenmenschlicher Kommunikation,* (2) *das Vorliegen bzw. den Abbau bedrohlicher Handlungen* und (3) *den gezielten Einsatz von vertrauenshemmenden oder -fördernden Handlungen.* Vertrauen wird damit als aktiver Prozess aufgefasst, der entscheidend vom Ausmaß des empfundenen eigenen Kompetenzgefühls (= Selbstvertrauen) abhängt.

# Literatur


Ahlert, D., Kenning, P. & Petermann, F. (2001). Die Bedeutung von Vertrauen für die Interaktionsbeziehungen zwischen Dienstleistungsanbietern und -nachfragern. In M. Bruhn & B. Stauss (Hrsg.), *Jahrbuch Dienstleistungsmanagement* (S. 279–298). Wiesbaden: Gabler.

Alberternst, C. & Moser, K. (2007). Vertrauen zum Vorgesetzten, organisationales Commitment und die Einstellung zum Mitarbeitergespräch. *Zeitschrift für Arbeits- und Organisationspsychologie, 51,* 116–127.

Amelang, M. & Bartussek, D. (2010). Zwischenmenschliches Vertrauen. In A. Glöckner-Rist (Hrsg.), *Zusammenstellung sozialwissenschaftlicher Items und Skalen. ZIS Version 14.00.* Bonn: GESIS.

Amelang, M., Gold, A. & Külbel, E. (1984). Über einige Erfahrungen mit einer deutschen Skala zur Erfassung zwischenmenschlichen Vertrauens (Interpersonal Trust). *Diagnostica, 30,* 198–215.

Atwater, L. E. (1988). The relative importance of situational and individual variables in predicting leader behavior. The surprising impact of subordinate trust. *Group and Organization Studies, 13,* 290–310.

Austrin, H. R. & Boever, P. M. (1977). Interpersonal trust and severity of delinquent behavior. *Psychological Reports, 40,* 1075–1078.

Axelrod, D. A. & Goold, S. (2000). Maintaining trust in the surgeon-patient relationship: Challenges for the New Millennium. *Archives of Surgery, 135,* 55–61.

Bandura, A. (1977). Self-efficacy: Toward a unifying theory of behavioral change. *Psychological Review, 84,* 191–215.

Bandura, A. & Schunk, D. M. (1981). Cultivation competence, self-efficacy and intrinsic interest through proximal self-motivation. *Journal of Personality and Social Psychology, 41,* 586–598.

Barber, B. (1983). *The logic and limits of trust.* New Brunswick, NJ: Rutgers University Press.

Barefoot, J. C., Maynard, K. E., Beckham, J. C., Brummet, B. H., Hooker, K. & Siegler, I. C. (1998). Trust, health and longevity. *Journal of Behavioural Medicine, 21,* 517–526.

Barrett-Lennard, G. T. (1962). Dimensions of therapist' responses as causal factors in therapeutic change. *Psychological Monographs, 76*, 1–36.

Bartz, J. A., Zaki, J., Bolger, N. & Ochsner, K. N. (2011). Social effects of oxytocin in humans: Context and person matter. *Trends in Cognitive Sciences, 15,* 301–309.

Baumgartner, T., Heinrichs, M., Vonlanthen, A., Fischbacher, U. & Fehr, E. (2008). Oxytocin shapes the neural circuitry of trust and trust adaptation in humans. *Neuron, 58,* 639–650.

Beard, M. T. (1982). Life events, method of coping, and interpersonal trust: Implications for nursing actions. *Issues in Mental Health Nursing, 4,* 25–49.

Berg, J., Dickhaut, J. & McCabe, K. (1995). Trust, reciprocity and social history. *Games and Economic Behavior, 10,* 122–142.

Bernath, M. S. & Feshbach, N. D. (1995). Children's trust: Theory, assessment, development, and research directions. *Applied and Preventative Psychology, 4,* 1–19.

Berndl, S. (2006). *Persönlichkeit und Bereitschaft, anderen zu vertrauen.* München: Grin Verlag.

Bierhoff, H.-W. (1983). Vertrauen und soziale Interaktion. In G. Lüer (Hrsg.), *Bericht über den 33. Kongress der Deutschen Gesellschaft für Psychologie in Mainz 1982* (Bd. 2, S. 187–192). Göttingen: Hogrefe.

Bierhoff, H.-W. (1984). *Sozialpsychologie. Ein Lehrbuch.* Stuttgart: Kohlhammer.

Bierhoff, H.-W. (2002). *Einführung in die Sozialpsychologie.* Weinheim: Beltz.

Bierhoff, H.-W. (2010). *Psychologie prosozialen Verhaltens* (2., erw. Aufl.). Stuttgart: Kohlhammer.

Bierhoff, H.-W. & Buck, E. (1984). *Vertrauen und soziale Interaktion: Alltägliche Bedeutung des Vertrauens.* Marburg: Berichte aus dem Fachbereich Psychologie der Philipps-Universität Marburg, Nr. 83.

Bierhoff, H.-W. & Frey, D. (2012). *Sozialpsychologie – Individuum und soziale Welt.* Göttingen: Hogrefe.

Bissels, S. R. (2002). *Zwischenmenschliches Vertrauen. Eine datenverankerte Theorieentwicklung.* Berlin: Mensch-und-Buch-Verlag.

Bjørnskov, C. (2007). Determinants of generalized trust: A cross-country comparison. *Public Choice, 130,* 1–21.

Bochmann, F. & Petermann, F. (1989). Compliance bei medikamentösen Therapieformen unter besonderer Berücksichtigung von Vertrauensaspekten. *Zeitschrift für Klinische Psychologie, Psychopathologie und Psychotherapie, 37,* 162–175.

Borkenau, P. & Ostendorf, F. (1993). *NEO-Fünf-Faktoren-Inventar (NEO-FFI).* Göttingen: Verlag für Psychologie.

Bos, P. A., Terburg, D. & Honk, J. (2010). Testosterone decreases trust in socially naive humans. *Proceedings of the National Academy of Sciences of the United States of America, 107,* 9991–9995.

Boszormenyi-Nagy, I. & Krasner, B. R. (1980). Trust-based therapy: A contextual approach. *The American Journal of Psychiatry, 137,* 767–775.

Bova, C., Fennie, K. P., Watrous, E., Dieckhaus, K. & Williams, A. B. (2006). The health care relationship (HCR) trust scale: Development and psychometric evaluation. *Research in Nursing & Health, 29,* 477–488.

Brickman, P., Becker, L. J. & Castle, S. (1979). Making trust easier and harder through two forms of sequential interaction. *Journal of Personality and Social Psychology, 37,* 515–521.

Bridges, J. S. & Schoeninger, D. W. (1977). Interpersonal trust behavior as related to subjective certainty and outcome value. *Psychological Reports, 41,* 677–678.

Brückerhoff, A. (1982). *Vertrauen – Versuch einer phänomenologisch-idiographischen Näherung an ein Konstrukt.* Münster: Unveröffentlichte Dissertation.

Brühlhart, M. & Usunier, J.-C. (2010). Does the trust game measure trust? *Economic Inquiry, 46,* 77–83.

Buck, E. & Bierhoff, H.-W. (1986). Verlässlichkeit und Vertrauenswürdigkeit: Skalen zur Erfassung des Vertrauens in eine konkrete Person. *Zeitschrift für Differentielle und Diagnostische Psychologie, 7,* 205–223.

Bugental, D. B., Kopeikin, H. & Lazowski, L. (1991). Children's responses to authentic versus polite smiles. In K. J. Rotenberg (Ed.), *Children's interpersonal trust* (pp. 58–79). New York: Springer.

Butler, J. K. (1986). Reciprocity of dyadic trust in dose male-female relationships. *Journal of Social Psychology, 126,* 579–591.

Butler, J. K. & Cantrell, S. R. (1984). A behavioral decision theory approach to modeling dyadic trust in superiors and subordinates. *Psychological Reports, 55,* 19–28.

Cash, Th. F., Stack, J. J. & Luna, G. C. (1975). Convergent and discriminant behavioral aspects of interpersonal trust. *Psychological Reports, 37,* 983–986.

Caterinicchio, R. P. (1979). Testing plausible path models of interpersonal trust in patient-physician treatment relationships. *Social Science and Medicine, 13 A,* 81–99.

Cesarini, D., Dawes, C. T., Fowler, J. H., Johannesson, M., Lichtenstein, P. & Wallace, B. (2008). Heritability of cooperative behavior in the Trust Game. *Proceedings of the National Academy of Sciences of the United States of America, 105,* 3721–3726.

Chan, M. E. (2009). „Why did you hurt me?" Victim's interpersonal betrayal attribution and trust implications. *Reviews of General Psychology, 13,* 262–274.

Choi, I., Nisbett, R. E. & Norenzayan, A. (1999). Causal attribution across cultures: Variation and universality. *Psychological Bulletin, 125,* 47–63.

Chun, K. & Campbell, I. B. (1974). Dimensionality of the Rotter Interpersonal Trust Scale. *Psychological Reports, 35,* 1059–1070.

Clément, F., Koenig, M. & Harris, P. (2004). The ontogenesis of trust. *Mind & Language, 19,* 360–379.

Conviser, R. H. (1973). Toward a theory of interpersonal trust. *Pacific Sociological Review, 16,* 377–399.

Cook, H. & Stingle, S. (1974). Cooperative behavior in children. *Psychological Bulletin, 81,* 918–933.

Cook, J. & Wall, T. (1980). New work attitude measures of trust, organizational commitment and personal need-nonfulfilment. *Journal of Occupational Psychology, 53,* 39–52.

Corazzini, I. G. (1977). Trust as a complex multi-dimensional construct. *Psychological Reports, 40,* 75–80.

Couch, L. L. & Jones, W. H. (1997). Measuring levels of trust. *Journal of Research in Personality, 31,* 319–336.

Curtis, J. M. (1981). Effects of therapist self-disdosure, patients impression in empathy, competence, and trust in an analog of a psychotherapeutic interaction. *Psychological Reports, 48,* 127–136.

Dann, H.-D. (1992). Variationen von Lege-Strukturen zur Wissensrepräsentation. In B. Scheele (Hrsg.), *Struktur-Lege-Verfahren als Dialog-Konsens-Methodik* (S. 3–41). Münster: Aschendorff.

Deutsch, M. (1958). Trust and suspicion. *Journal of Conflict Resolution, 2,* 265–279.

Deutsch, M. (1960). Trust, trustworthiness, and the F-Scale. *Journal of Abnormal and Social Psychology, 61,* 138–140.

Deutsch, M. (1962). Cooperation and trust: Some theoretical notes. In M. R. Jones (Ed.), *Nebraska Symposiums on Motivation* (pp. 275–319). Lincoln: University of Nebraska Press.

Deutsch, M. (1976). *Konfliktregelung. Konstruktive und destruktive Prozesse.* München: Reinhardt.

Dimoka, A. (2010). What does the brain tell us about trust and distrust? Evidence from a functional neuroimaging study. *Management Information Systems Quarterly, 34,* 373–396.

Distefano, M. K., Pryer, M. W. & Garrison, J. L. (1981). Clients' satisfaction and interpersonal trust among hospitalized psychiatric patients. *Psychological Reports, 49,* 420–422.

Doherty, W. J. & Ryder, R. G. (1979). Locus of control, interpersonal trust, and assertive behavior among newlyweds. *Journal of Personality and Social Psychology, 37,* 2212–2220.

Domes, G., Heinrichs, M., Michel, A., Berger, C. & Herpertz, S. C. (2007). Oxytocin improves „mind-reading" in humans. *Biological Psychiatry, 61,* 731–733.

Dreier, S. (2008). *Vertrauen in Geschwisterbeziehungen.* Wien: Unveröffentlichte Diplomarbeit.

Driscoll, I. (1978). Trust and participation in organizational decision-making as predictors of satisfaction. *Academy of Management Journal, 21,* 44–56.

Ellison, C. W. & Firestone, I. J. (1974). Development of interpersonal trust as a function of selfesteem, target status, and target style. *Journal of Personality and Social Psychology, 29,* 655–663.

Erikson, E. H. (1963). *Wachstum und Krisen der gesunden Persönlichkeit.* Stuttgart: Klett.

Esser, M. (1983). *Kontaktaufnahme und Kontaktgestaltung als Situationen des Vertrauensaufbaus bei Kindern.* Bonn: Unveröffentlichte Diplomarbeit.

Esser, M. & Petermann, F. (1985). Vertrauensfördernde Variablen in Kind-Erwachsenen-Interaktionen. *Zeitschrift für Klinische Psychologie, Psychopathologie und Psychotherapie, 33,* 20–29.

Faley, T. & Tedeschi, J. T. (1971). Status and reaction to threats. *Journal of Personality and Social Psychology, 17,* 192–199.

Falzett, W. C. (1981). Matched vs. unmatched primary representational systems and their relationship to perceived trustworthiness in a counseling analogue. *Journal of Counseling Psychology, 28,* 305–308.

Feger, H. (1983). Planung und Bewertung von wissenschaftlichen Beobachtungen. In H. Feger & J. Bredenkamp (Hrsg.), *Datenerhebung* (Enzyklopädie der Psychologie, Serie Forschungsmethoden der Psychologie, Band 2, S. 1–75). Göttingen: Hogrefe.

Finkel, E. J., Rusbult, C. E., Kumashiro, M. & Hannon, P. A. (2002). Dealing with betrayal in close relationships: Does commitment promote foregiveness? *Journal of Personality and Social Psychology, 82,* 956–974.

Flick, U. (1989). *Vertrauen, Verwalten, Einweisen. Subjektive Vertrauenstheorien in sozialpsychiatrischer Beratung.* Wiesbaden: Deutscher Universitäts-Verlag.

Frey, D. & Bierhoff, H. -W. (2012). *Sozialpsychologie – Interaktion und Gruppe.* Göttingen: Hogrefe.

Fry, P. S. & Preston, J. (1980). Children's delay of gratifications as a function of task contingency and the reward-related contents of task. *Journal of Social Psychology, 111,* 281–291.

Garske, I. P. (1976). Personality and generalized expectancies for interpersonal trust. *Psychological Reports, 39,* 649–650.

Gennerich, C. (2000). *Vertrauen: Ein beziehungsanalytisches Modell – untersucht am Beispiel der Beziehungen von Gemeindemitgliedern zu ihrem Pfarrer.* Bern: Huber.

Gibb, J. R. (1972). Das Vertrauensklima. In L. P. Bradford, J. R. Gibb & K. D. Benne (Hrsg.), *Gruppentraining* (S. 301–336). Stuttgart: Klett.

Giffin, K. (1967). The contribution of studies of source credibility to a theory of interpersonal trust in the communication process. *Psychological Bulletin, 68,* 104–120.

Glattacker, M., Gülich, M., Farin, E. & Jäckel, W. H. (2007). Vertrauen in den Arzt („VIA") – Psychometrische Testung der deutschen Version der „Trust in Physician Scale". *Physikalische Medizin, Rehabilitationsmedizin, Kurortmedizin, 17,* 141–148.

Goldstein, A. P. (1977). Methoden zur Verbesserung von Beziehungen. In F. H. Kanfer & A. P. Goldstein (Hrsg.), *Möglichkeiten der Verhaltensänderung* (S. 38–54). München: Urban & Schwarzenberg.

Gordon, K. C., Hughes, F. M., Tomcik, N. D., Dixon, L. J. & Litzinger, S. C. (2009). Whidening spheres of impact: The role of forgiveness in marital and family functioning. *Journal of Family Psychology, 23,* 1–13.

Greenberg, M. R. & Williams, B. (1999). Geographical dimensions and correlates of trust. *Risk Analysis, 19,* 159–169.

Grünthal, M. (1984). *Entwicklung eines Beobachtungsverfahrens zur Erfassung von Vertrauen.* Bonn: Projektbericht.

Gurtman, M. B. & Lion, C. (1982). Interpersonal trust and perceptual vigilance for trustworthiness descriptors. *Journal of Research in Personality, 16,* 108–117.

Haas, D. F. & Deseran, F. A. (1981). Trust and symbolic exchange. *Social Psychology Quarterly, 44,* 3–13.

Hake, D. F. & Schmid, T. L. (1981). Acquisition and maintenance of trusting behavior. *Journal of the Experimental Analysis of Behavior, 35,* 109–124.

Hamsher, I. H., Geiler, J. D. & Rotter, J. B. (1968). Interpersonal trust, internal-external control, and the Warren Commission Report. *Journal of Personality and Social Psychology, 9,* 210–215.

Harbaugh, W. T., Krause, K. & Vesterlund, L. (2003). *Prospect theory in choice and pricing tasks.* Mimeo. University of Pittsburgh.

Haynes, R. B., Taylor, D. W. & Sackett, D. L. (1982). *Compliance Handbuch.* München: Oldenbourg.

Heilman, M. E. (1974). Threats and promises: Reputational consequences and transfer of credibility. *Journal of Experimental Social Psychology, 10,* 310–324.

Heinrichs, M., Dawans, B. & Domes, G. (2009). Oxytocin, Vasopressin, and human social behavior. *Frontiers in Neuroendocrinology, 30,* 548–557.

Henrich, G., de Jong, R., Mai, M. & Revenstorf, D. (1979). Aspekte des therapeutischen Klimas – Entwicklung eines Fragebogens. *Zeitschrift für Klinische Psychologie, 8,* 41–55 .

Heyman, G. D. & Legare, C. H. (2005). Children's evaluation of sources of information about traits. *Developmental Psychology, 41,* 636–647.

Hili, D. B. (1981). Attitude generalization and the measurement of trust in American leadership. *Political Behavior, 3,* 257–270.

Hochreich, D. J. (1973). A children's scale to measure interpersonal trust. *Developmental Psychology, 9,* 141.

Hochreich, D. J. & Rotter, J. B. (1970). Have college students become less trusting? *Journal of Personality and Social Psychology, 15,* 211–214.

Hohmann, P. M. (1988). *Kontrolle und Zufriedenheit in Beziehungen.* München: Profil.

House, J. S. & Wolf, S. (1978). Effects of urban residence on interpersonal trust and helping behavior. *Journal of Personality and Social Psychology, 36,* 1029–1043.

Imber, S. (1973). Relationship of trust to academic performance. *Journal of Personality and Social Psychology, 28,* 145–150.

Jackson, D. D. (1980). Familienregeln: Das eheliche Quid pro Quo. In P. Watzlawick & J. M. Weakland (Hrsg.), *Interaktion* (S. 47–61). Bern: Huber.

Johnson, D. W. & Johnson, F. P. (1975). *Joining together: Group theory and group skills.* Englewood Cliffs: Prentice-Hall.

Johnson, D. W. & Matross, R. P. (1977). Interpersonal influence in psychotherapy: A social psychological view. In A. S. Gurman & A. M. Razin (Eds.), *Effective psychotherapy* (pp. 395–432). New York: Pergamon.

Johnson, D. W. & Noonan, M. P. (1972). Effects of acceptance and reciprociation of self-disclosure on the development of trust. *Journal of Counseling Psychology, 19,* 411–416.

Johnson-George, C. & Swap, W. C. (1982). Measurement of specific interpersonal trust: Construction and validation of a scale to assess trust in a specific other. *Journal of Personality and Social Psychology, 43,* 1306–1317.

Jones, E. E. & Davis, K. E. (1965). From acts to dispositions: The attributional process in person perception. In L. Berkowitz (Ed.), *Advances in experimental social psychology* (Vol. 2, pp. 219–266). New York: Academic Press.

Kassebaum, U. B. (2004). *Interpersonelles Vertrauen: Entwicklung eines Inventars zur Erfassung spezfischer Aspekte des Konstrukts.* Hamburg: Dissertation.

Katz, H. A. & Rotter, J. B. (1969). Interpersonal trust scores of students and their parents. *Child Development, 40,* 657–661.

Kee, H. W. & Knox, R. E. (1970). Conceptual and methodological considerations in the study of trust and suspicion. *Journal of Conflict Resolution, 14,* 357–365.

Kelley, H. H. & Stahelsky, A. (1970). Social interaction as a basis of cooperators' beliefs about each other. *Journal of Personality and Social Psychology, 16,* 66–91.

Kelly, G. A. (1970a). A brief introduction to personal construct psychology. In D. Bannister (Ed.), *Perspectives in personal construct theory* (pp. 1–29). London: Academic Press.

Kelly, G. A. (1970b). Behavior is an experiment. In D. Bannister (Ed.), *Perspectives in personal construct theory* (pp. 255–269). London: Academic Press.

Kimmei, M. J., Pruitt, D. G., Magenau, J. M., Konar-Goldband, E. & Camevale, P. J. D. (1980). Effects of trust, aspiration, and gender on negotiation tactics. *Journal of Personality and Social Psychology, 38,* 9–22.

Kiy, S., Lamm, M., Pojeti, D. & Schmitt, L. (1990). *Arzt-Patient-Beziehung. Bericht zur Vertrauensstudie.* Bonn: Unveröffentlichter Forschungsbericht.

Koenig, M. A., Clément, F. & Harris, P. (2004). Trust in testimony: Children's use of true and false statements. *Psychological Science, 10,* 694–698.

Koenig, M. A. & Harris, P. L. (2005). The role of social cognition in early trust. *Trends in Cognitive Sciences, 9,* 457–459.

Köhnken, G. (1990). *Glaubwürdigkeit. Untersuchungen zu einem psychologischen Konstrukt.* München: Psychologie Verlags Union.

Koller, M. (1990). *Sozialpsychologie des Vertrauens. Ein Überblick über theoretische Ansätze.* Bielefeld: Bielefelder Arbeiten zur Sozialpsychologie, Nr. 153.

Koscik, T. R. & Tranel, D. (2011). The human amygdala is necessary for developing and expressing normal interpersonal trust. *Neuropsychologia, 49,* 602–611.

Kosfeld, M., Heinrichs, M., Zak, P. J., Fischbacher, U. & Fehr, E. (2005). Oxytocin increases trust in humans. *Nature, 435* (7042), 673–676.

Krampen, G., Viebig, J. & Walter, W. (1982). Entwicklung einer Skala zur Erfassung dreier Aspekte von sozialem Vertrauen. *Diagnostica, 28,* 242–247.

Krivohlavy, J. (1974). *Zwischenmenschliche Konflikte und experimentelle Spiele.* Bern: Huber.

Krueger, F., McCabe, K., Moll, J., Kriegeskorte, N., Zahn, R., Strenziok, M. et al. (2007). Neural correlates of trust. *Proceedings of the National Academy of Sciences of the United States of America, 104,* 20084–20089.

Krumboltz, J. D. & Potter, B. (1980). Verhaltenstherapeutische Techniken für die Entwicklung von Vertrauen, Kohäsion und Zielorientierung in Gruppen. In K. Grawe (Hrsg.), *Verhaltenstherapie in Gruppen* (S. 52–72). München: Urban & Schwarzenberg.

Kühlmann, T. M. & Schuhmann, O. (2002): *Trust in German-Mexican Business Relationships.* Stockholm: EURAM Conference.

Lacy, W. B. (1978). Assumptions of human nature, and initial expectations and behavior as mediators of sex effects in prisoner's dilemma research. *Journal of Conflict Resolution, 22,* 269–281.

Laucken, U. (2000). Der Sozialkonstruktivismus und die semantische Wissenschaft vom Menschen. *Handlung, Kultur, Interpretation, 9,* 37–65.

Levinger, G. & Snoek, L. D. (1977). Attraktion in Beziehungen. Eine neue Perspektive in der Erforschung zwischenmenschlicher Anziehung. In G. Mikula & W. Stroebe (Hrsg.), *Sympathie, Freundschaft und Ehe* (S. 147–162). Bern: Huber.

Levitt, S. D. & List, J. A. (2007). What do laboratory experiments measuring social preferences reveal about the real world? *Journal of Economic Perspectives, 21,* 153–174.

Lewicki, R. J., McAllister, D. J. & Bries, R. J. (1998). Trust and distrust: New relationships and realities. *Academy of Management Review, 23,* 438–458.

Lewicki, R. J. & Bunker, B. B. (1996). Developing and maintaining trust in work relationships. In R. M. Kramer & T. R. Tyler (Eds.), *Trust in organizations: Frontiers of theory and research* (pp. 114–139). Thousand Oaks, CA: Sage.

Lewicki, R. J. & Wiethoff, C. (2000). Trust, trust development, and trust repair. In M. Deutsch & P. T. Coleman (Eds.), *Handbook of conflict resolution: Theory and practice* (pp. 86–107). San Francisco, CA: Jossey-Bass.

Lindskold, S. (1978). Trust development, the GRIT proposal, and the effects of conciliatory acts on conflict and cooperation. *Psychological Bulletin, 85,* 772–793.

Lindskold, S. & Collins, M. G. (1978). Inducing cooperation by group and individuals. Applying Osgood's GRIT strategy. *Journal of Conflict Resolution, 22,* 679–690.

Lloyd-Fox, S., Blasi, A. & Elwell, C. E. (2010). Illuminating the developing brain: The past, present and future of functional near infrared spectroscopy. *Neuroscience and Biobehavioral Reviews, 34,* 269–284.

Loomis, J. L. (1959). Communication, the development of trust, and cooperative behavior. *Human Relations, 12,* 305–315.

Luhmann, N. (1973). *Vertrauen. Ein Mechanismus der Reduktion sozialer Komplexität* (2. Aufl.). Stuttgart: Enke.

Manz, W. (1980). Gefangen im Gefangenendilemma? Zur Sozialpsychologie der experimentellen Spiele. In W. Bungard (Hrsg.), *Die gute Versuchsperson denkt nicht. Artefakte in der Sozialpsychologie* (S. 145–166). München: Urban & Schwarzenberg.

Mayer, R. C., Davis, J. H. & Schoorman, S. D. (1995). An integrative model of organizational trust. *Academy of Management Review, 20,* 709–734.

McAllister, H. A. (1980). Self-disclosure and liking: Effects of senders and receivers. *Journal of Personality, 48,* 409–418.

McDonald, P. A., Kessel, V. & Fuller, J. B. (1972). Self-disclosure and two kinds of trust. *Psychological Reports, 30,* 143–146.

Mellinger, G. (1956). Interpersonal trust as a factor in communication. *Journal of Abnormal and Social Psychology, 52,* 304–309.

Mikolajczak, M., Pinon, N., Lane, A., de Timary, P. & Luminet, O. (2010). Oxytocin not only increases trust when money is at stake, but also when confidential information is in the balance. *Biological Psychology, 85,* 182–184.

Mogy, R. B. & Pruitt, D. G. (1974). Effects of a threatener's enforcement costs on threat credibility and compliance. *Journal of Personality and Social Psychology, 29,* 173–180.

Möllering, G. (2006). *Trust: Reason, routine, reflexitivity.* Oxford: Elsevier.

Muir, B. M. (1987). Trust between humans and machines, and the design of decision aids. *American Journal of Man-Machine Studies, 27,* 527–539.

Müller, G. F. (1980). Interpersonales Konfliktverhalten. Vergleich und experimentelle Untersuchung zweier Erklärungsmodelle. *Zeitschrift für Sozialpsychologie, 11,* 168–180.

Narowski, C. (1974). *Vertrauen. Begriffsanalyse und Operationalisierungsversuche.* Tübingen: Dissertation.

Neubauer, W. (1991). Interpersonales Vertrauen und Erziehung. *Psychologie in Erziehung und Unterricht, 38,* 213–224.

Neumann, D., Spezio, M. L., Piven, J. & Adolphs, R. (2006). Looking you in the mouth: Abnormal gaze in autism resulting from impaired top-down modulation of visual attention. *Social Cognitive and Affective Neuroscience, 1,* 194–202.

Oswald, M. E. (2006). Vertrauen in Personen und Organisationen. In H.-W. Bierhoff & D. Frey (Hrsg.), *Handbuch der Sozialpsychologie und Kommunikationspsychologie* (S. 710–716). Göttingen: Hogrefe.

Paul, M. F. (1982). Power, leadership, and trust: Implications for counselors in terms of organizational change. *The Personal and Guidance Journal, 60,* 538–541.

Pauly, A. (1979). *Vertrauen bei Kindern. Erstellung und erste Erprobung eines Messinstrumentes.* Münster: Unveröffentlichte Diplomarbeit.

Pearce, W. B. (1974). Trust in interpersonal communication. *Speech Monographs, 41,* 236–244.

Pereira, M. J. & Austrin, H. R. (1980). Interpersonal trust as a predictor of suggestibility. *Psychological Reports, 47,* 1031–1034.

Perrez, M., Patry, J.-L. & Ischi, N. (1980). Verhaltenstheoretische Analyse der Erzieher-Kind-Interaktion im Feld unter Berücksichtigung mehrerer Interaktionspartner des Kindes. In H. Lukesch, M. Perrez & K. A. Schneewind (Hrsg.), *Familiäre Sozialisation und Intervention* (S. 35–64). Bern: Huber.

Perry, A., Bentin, S., Shalev, I., Israel, S., Uzefovsky, F. & Bar-On, D. 2010. Intranasal oxytocin modulates EEG mu/alpha and beta rhythms during perception of biological motion. *Psychoneuroendocrinology, 35,* 1446–1453.

Petermann, F. (Hrsg.). 1996. *Einzelfallanalyse* (3., korr. Aufl.). München: Oldenbourg.

Petermann, F. & Eid, M. (Hrsg.). (2006). *Handbuch der Psychologischen Diagnostik.* Göttingen: Hogrefe.

Petermann, F. & Grünthal, M. (1984). *Gültigkeitsprüfung und Revision des Arzt-Kind-Interaktionsbogens.* Bonn: Abschlußbericht.

Petermann, F., Neubauer, W. & Grünheidt, B. (1992). Subjective conceptions of trust in the relation between superiors and subordinates. *European Journal of Applied Psychology, 42,* 209–217.

Petermann, F. & Petermann, U. (2012). *Training mit aggressiven Kindern* (13., überarb. Aufl.). Weinheim: Beltz.

Petermann, F. & Schauerte, G. 2008. Asthma bronchiale bei Kindern. Maßnahmen zur Förderung der Compliance. *Bundesgesundheitsblatt – Gesundheitsforschung – Gesundheitsschutz, 51,* 621–628.

Petermann, F., Stachow, R., Kiera, S. & Tiedjen, U. (2008). Arzt-Patient-Kommunikation in der Rehabilitation von Jugendlichen. *Physikalische Medizin, Rehabilitationsmedizin, Kurortmedizin, 18,* 324–328.

Petermann, F. & Wiedebusch, S. (2008). *Emotionale Kompetenz bei Kindern* (2., überarb. u. erw. Aufl.). Göttingen: Hogrefe.

Petermann, F. & Winkel, S. (2006). Interpersonelles Vertrauen – Grundlagen, Messung, empirische Befunde. In H. H. Bauer, M. M. Neumann & A. Schüle (Hrsg.), *Konumentenvertrauen. Konzepte und Anwendungen für ein nachhaltiges Kundenbindungsmanagement* (S. 77–91). München: Vahlen.

Petermann, U. & Petermann, F. (2010). *Training mit sozial unsicheren Kindern. Einzeltraining, Kindergruppen, Elternberatung* (10., überarb. Aufl.). Weinheim: Beltz.

Pruitt, D. G. (1981). *Negotiation behavior.* New York: Academic Press.

Pruitt, D. G. & Kimmel, M. J. (1977). Twenty years of experimental gaming: Critique, synthesis, and suggestions for the future. *Annual Review of Psychology, 28,* 363–392.

Pruitt, D. G. & Smith, D. L. (1981). Impression management in bargaining: Images of firmness and trustworthiness. In J. T. Tedeschi (Ed.), *Impression management theory and social psychological research* (pp. 247–267). New York: Academic Press.

Pulheim, P., Karman, P. & Seidenstücker, G. (1978). Determinanten des Belohnungsaufschubs bei Vorschulkindern. *Zeitschrift für Experimentelle und Angewandte Psychologie, 25,* 136–152.

Rempel, J. K., Holmes, J. G. & Zanna, M. P. (1985). Trust in close relationships. *Journal of Personality and Social Psychology, 49,* 95–112.

Ross, C. E., Mirowsky, J. & Pribesh, S. (2001). Powerlessness and the amplification of threat: Neighborhood disadvantage, disorder and mistrust. *American Sociological Review, 66,* 568–591.

Rotenberg, K. J. (1980). ‚A promise kept, a promise broken': Developmental bases of trust. *Child Development, 51,* 614–617.

Rotenberg, K. J. (1986). Same-sex patterns and sex differences in the trust-value basis of children's friendship. *Sex Roles, 15,* 613–626.

Rotenberg, K. J. (Ed.). (1991). *Children's interpersonal trust. Sensitivity to lying, deception and promise violations.* New York: Springer.

Rotenberg, K. J. (2001). Trust across the life-span. In N. J. Smelser & P. B. Baltes (Eds.), *International Encyclopedia of the Social and Behavioral Sciences* (pp. 7866–7868). New York: Pergamon.

Rotenberg, K. J. & Cerda, C. (2001). Racially based trust expectancies of native American and Caucasian children. *The Journal of Social Psychology, 134,* 621–631.

Rotenberg, K. J., Cunningham, J., Hayton, N., Hutson, L., Marks, C., Woods, E. & Betts, L. R. (2008). Development of a children's trust in General Physicians Scale. *Child: Care, Health and Development, 34, 748–756.*

Rotenberg, K. J., Fox, C., Grenn, S., Ruderman, L., Slater, K., Stevens, K. & Carlo, C. (2005). Construction and validation of a children's interpersonal trust belief scale. *British Journal of Developmental Psychology, 23,* 271–293.

Rotenberg, K. J. & Pilipenko, T. A. (1984). Mutuality, temporal consistency, and helpfulness in children's trust in peers. *Social Cognition, 2,* 235–255.

Rothmeier, R. C. & Dixon, D. N. (1980). Trustworthiness and influence: A reexamination in an extended counseling analoque. *Journal of Counseling Psychology, 27,* 315–319.

Rotter, I., Blake, B. P. & Heslin, R. (1977). Dogmatism, trust, and message acceptance. *The Journal of Psychology, 96,* 81–88.

Rotter, J. B. (1967). A new scale for the measurement of interpersonal trust. *Journal of Personality, 35,* 651–665.

Rotter, J. B. (1971). Generalized expectancies for interpersonal trust. *American Psychologist, 26,* 443–452.

Rotter, J. B. (1980). Interpersonal trust, trustworthiness, and gullibility. *American Psychologist, 35,* 1–7.

Rotton, J., Blake, B. F. & Heslin, R. (1977). Dogmatism, trust, and message acceptance. *The Journal of Psychology, 96,* 81–88.

Rousseau, M., Sitkin, S., Burt, R. & Camerer, C. (1998). Not so different after all: A cross-discipline view of trust. *Academy of Management Review, 23,* 329–404.

Sackett, G. P. (1979). The lag sequential analysis of contingency and cyclicity in behavioral interaction research. In D. J. Osofsky (Ed.), *Handbook of infant development* (pp. 201–227). New York: Wiley.

Schäfer, A. (1980). Vertrauen. Eine Bestimmung am Beispiel des Lehrer-Schüler-Verhältnisses. *Pädagogische Rundschau, 34,* 723–743.

Scheele, B. & Groeben, N. (1984). *Die Heidelberger-Struktur-Lege-Technik (SLT). Eine Dialog-Konsens-Methode zur Erhebung subjektiver Theorien mittlerer Reichweite.* Weinheim: Beltz.

Scheuerer-Englisch, H. (1989). *Das Bild der Vertrauensbeziehung bei 10jährigen Kindern in längsschnittlicher und aktueller Sicht.* Regensburg: Dissertation.

Schill, T., Toves, C. & Ramanaiah, N. (1980). Interpersonal trust and coping with stress. *Psychological Reports, 47,* 1192.

Schipper, M. & Petermann, F. (2011). Trust: A subject for social neuroscience? *Zeitschrift für Neuropsychologie, 22,* 245–255.

Schipper, M. & Petermann, F. (2012). Vertrauen. In C. Steinebach, D. Jungo & R. Zihlmann (Hrsg.), *Positive Psychologie in der Praxis* (S. 85–94). Weinheim: Beltz.

Schlenker, B. R., Helm, B. & Tedeschi, J. T. (1973). The effects of personality and situational variables on behavioral trust. *Journal of Personality and Social Psychology, 25,* 419–427.

Schneewind, K. A. & Graf, J. (1998). *16-Persönlichkeits-Faktoren-Test* (Revidierte Fassung). Bern: Huber.

Schnell, R., Hill, P. B. & Esser, E. (2011). *Methoden der empirischen Sozialforschung* (9. Aufl.). München: Oldenbourg.

Schoorman, F. D., Mayer, R. C. & Davis, J. H. (2007). An integrative model of organizational trust: Past, present, and future. *Academy of Management Review, 32*, 344–354.

Schottlaender, R. (1958). *Theorie des Vertrauens.* Berlin: De Gruyter.

Schutz, W. E. (1967). *Joy.* New York: Grove Press.

Schwarzer, R. (1981). *Stress, Angst und Hilflosigkeit.* Stuttgart: Kohlhammer.

Schweer, M. (Hrsg.). (2008). *Lehrer-Schüler-Interaktion. Inhaltsfelder, Forschungsperspektiven und methodische Zugänge* (2., völlig überarb. Aufl.). Wiesbaden: VS.

Schweer, M. K. W. (1996). *Vertrauen in der pädagogischen Beziehung.* Bern: Huber.

Schweitzer, M. E., Hershey, J. C. & Bradlow, E. T. (2006). Promises and lies: Restoring violated trust. *Organizational Behavior and Human Decision Processes, 101,* 1–19.

Scott, C. L. (1980). Interpersonal trust: A comparison of attitudinal and situational factors. *Human Relations, 33,* 805–812.

Scott, D. (1980). The causal relationship between trust and the assessed value of management by objectives. *Journal of Management, 6,* 157–175.

Seiman, R. L. (1980). *The growth of interpersonal understanding.* New York: Academic Press.

Seiman, R. L., Jaquette, D. & Lavin, D. R. (1977). Interpersonal awareness in children: Toward an integration of developmental and clinical child psychology. *American Journal of Orthopsychiatry, 47,* 264–274.

Seligman, M. E. P. (2010). *Erlernte Hilflosigkeit.* Mit einem Nachwort von F. Petermann (4. Aufl.). Weinheim: Beltz.

Shamay-Tsoory, S. G., Fischer, M., Dvash, J., Harari, H., Perach-Bloom, N. & Levkovitz, Y. (2009). Intranasal administration of Oxytocin increases envy and Schadenfreude (Gloating). *Biological Psychiatry, 66,* 864–870.

Simpson, J. A. (2007). Foundations of interpersonal trust. In A. W. Kruglanski & E. T. Higgins (Eds.), *Social psychology: Handbook of basic principles* (Vol. 2, pp. 587–607). New York: Guilford Press.

Simpson, J. A. (2010). Psychological foundations of trust. In T. Fisher & J. S. McNulty (Eds.), *Current directions in human sexuality and intimate relationships* (pp. 160–167). Boston: Allyn & Bacon.

Sofsky, W. (1983). *Die Ordnung sozialer Situationen.* Opladen: Westdeutscher Verlag.

Solomon, L. (1960). The influence of some types of power relationships and game strategies upon the development of interpersonal trust. *Journal of Abnormal and Social Psychology, 61,* 223–230.

Stack, L. C. (1978). Trust. In H. London & J. Exner (Eds.), *Dimensions of personality* (pp. 561–599). New York: Wiley.

Sturgis, P., Patulny, R. & Allum, N. (2009). Re-evaluating the individual level causes of trust: A panel data analysis. *British Journal of Sociology* (under review).

Tarter, C. J. & Hoy, W. K. (1988). The context of trust: Teachers and the princival. *High School Journal, 72,* 17–24.

Tedeschi, I. T. (1974). Attributions, liking, and power. In T. Huston (Ed.), *Foundations of interpersonal attraction* (pp. 193–215). New York: Academic Press.

Terrell, F. & Barrett, R. K. (1979). Interpersonal trust among college students as a function of race, sex, and socioeconomic class. *Perceptual and Motor Skills, 48,* 1194.

Thorslund, C. (1976). Interpersonal trust. A review and examination of the concept. *Göteborg Psychological Reports, 6,* 1–21.

Towbin, A. P. (1978). The confiding relationship: A new paradigma. *Psychotherapy: Theory, Research and Practice, 15,* 333–343.

Truax, C. B. & Mitchell, K. M. (1977). Forschungsergebnisse über den Zusammenhang zwischen Therapeuteneigenschaften („interpersonal skills“) und Therapieverlauf beziehungsweise Therapieerfolg. In F. Petermann & C. Schmook (Hrsg.), *Grundlagentexte der Klinischen Psychologie* (Band 2, S. 271–338). Bern: Huber.

Uslaner, E. M. (2002). *The moral foundations of trust.* Cambridge, UK: Cambridge University Press.

Van den Bos, W., Westenberg. M., Dijk, E. & Crone, E. A. (2010). Development of trust and reciprocity in adolescence. *Cognitive Development, 25,* 90–102.

Vanderbilt, K. E., Liu, D., Heyman, G. D. (2011). The development of distrust. *Child Development, 82,* 1372–1380.

Wagler, M. I. (2011). *Vertrauen in der Erwachsenen-Kind-Interaktion.* Bremen: Unveröffentlichte Diplomarbeit.

Walton, F. X. & Powers, R. L. (1984). *Vertrauen und Verantwortung zwischen Kindern und Erwachsenen.* München: Reinhardt.

Westmeyer, H., Winkelmann, K. & Hannemann, J. (1984). Eltern-Kind-Interaktion in natürlicher Umgebung: Darstellung einer Theorie und ihrer empirischen Bewährung. *Zeitschrift für personenzentrierte Psychologie und Psychotherapie, 3,* 39–53.

Wheeles, L. R. (1978). A follow-up study of the relationships among trust, disclosure, and interpersonal solidarity. *Human Communication Research, 4,* 143–157.

Wilson, J. M. & Carroll, J. L. (1991). Children's trustworthiness: Judgements by teachers, parents, and peers. In K. J. Rotenberg (Ed.), *Children's interpersonal trust* (pp. 100–117). New York: Springer.

Wright, T. L., Arbuthnot, J. & Silber, R. (1977). Interpersonal trust and attribull ons of source credibility: Evaluations of a political figure in a crisis. *Perceptual and Motor Skills, 44,* 943–950.

Wright, T. L. & Kirmani, A. (1977). Interpersonal trust, trustworthiness and shoplifting in High School. *Psychological Reports, 41,* 1165–1166.

Wright, T. L. & Tedeschi, R. G. (1975). Factor analysis of the Interpersonal Trust Scale. *Journal of Consulting and Clinical Psychology, 43,* 430–477.

Wrightsman, L. S. (1964). Measurement of philosophies of human nature. *Psychological Reports, 14,* 743–751.

Wrightsman, L. S. (1966). Personality and attitudinal correlates of trusting and trustworthy behaviors in a two-person game. *Journal of Personality and Social Psychology, 4,* 328–332.

Wrightsman, L. S. (1974). *Assumptions about human nature: A social-psychological approach.* Monterey, Cal.: Brooks/Cole.

Yamagishi, T. & Yamagishi, M. (1994). Trust and commitment in the United States and Japan. *Motivation and Emotion, 18,* 9–66.

Yoshino, R. (2002). A time to trust – a study on peoples' sense of trust from a viewpoint of cross-national and longitudinal study on national character. *Behaviormetrika, 29,* 231–260.

Zak, P. J. & Knack, S. (2001). Trust and growth. *The Economic Journal, 111,* 295–321.

Zak, P. J. & Kugler, J. (2011). Neuroeconomics and international studies: A new understanding of trust. *International Studies Perspectives, 12,* 136–152.

Zand, D. E. (1977). Vertrauen und Problemlösungsverhalten von Managern In H. E. Lück (Hrsg.), *Mitleid – Vertrauen – Verantwortung* (S. 61–74). Stuttgart: Klett.